ROAD TRIPES

SÉBASTIEN GENDRON

ROAD TRIPES

ROMAN

ALBIN MICHEL

À Eliott,
À Loritza.

« Des armées insolites
Et des ombres équivoques
Des fils dont on se moque
Et des femmes que l'on quitte

Des tristesses surannées
Des malheurs qu'on oublie
Des ongles un peu noircis »

Tant de nuits
Alain Bashung / Joseph d'Anvers

« Avoir des problèmes est une belle opportunité : c'est une des façons d'apprendre. »

Herbie Hancock

« Bonsoir Clermont-Ferrand !!! »

Johnny Hallyday,
au Zénith de Saint-Étienne,
7/12/2012

J'ouvre les yeux parce que, au fond de mon cerveau, cette petite voix me dit : « Allez, ouvre-moi ces paupières, espèce d'irresponsable, qu'on en finisse ! » Alors bon, voilà : j'ouvre les yeux.

D'abord je vois le ciel bleu. Les nuages passent vite – il doit y avoir du vent en altitude. Quelque part autour de moi, j'entends un bruit de tôle choquée. Un dernier. Il y en a eu d'autres avant. Beaucoup. Pendant un moment, j'ai cru que j'étais à la salle Pleyel et que j'écoutais Les Fonderies d'acier *d'Alexandre Mossolov jouées par un philharmonique russe de quatre cents musiciens sous perfusion de Red Bull. Après, il y a le silence. Consternant. Rien à voir avec ceux de Mozart. Quelques trop longues secondes de silence. Avant que les cris n'arrivent. D'Alexandre Mossolov on passe à Steve Reich. Des bruits de radiateurs percés, des sifflements de vapeur qui s'échappe sous haute pression, des klaxons écrasés. La petite voix qui m'ordonnait tout à l'heure d'ouvrir les yeux me dit maintenant de ne surtout pas me retourner. Alors je ne me retourne pas.*

Je prends le temps de sentir le sol sous mon dos : dur, régulier, brûlant, avec de petites aspérités qui entrent dans la peau fine de mes articulations. Ma main glisse sur cette surface : du goudron et des gravillons. J'ai un goût de métal dans la bouche. Les odeurs de brûlé viennent ensuite, infectes. Finalement, je me retourne : je ne suis pas à Pleyel. Définitivement pas. Pleyel, c'était il y a un siècle.

Le bord d'un trottoir occupe tout mon champ de vision. Je prends lentement appui sur mon coude pour me redresser. La rambarde d'un parapet apparaît. Au travers, j'aperçois l'horizon parfaitement plat. Parasitant l'image, des volutes de fumée noire montent dans le ciel. Je dois être sur un pont, un viaduc, n'importe quoi qui surplombe un lieu où il s'est passé un drame que j'ai du mal à regarder en face. Je ferme les yeux.

Quand je les rouvre, je suis debout, les mains agrippées au parapet métallique d'un viaduc qui surplombe une autoroute. Sur cette autoroute, il y a des voitures, beaucoup de voitures, des tonnes et des tonnes de voitures. C'est comme si un môme, dans sa chambre, avait déversé sa collection de Majorettes sur son circuit de Formule 1. Elles sont partout, dans tous les sens, des gens en sortent, en sang, boitant, hurlant, courant dans toutes les directions, secourant les blessés, portant des corps. Des deux côtés de l'autoroute, c'est le même massacre. J'en compte des dizaines, des centaines. Un carambolage de taille hollywoodienne. À côté de moi, quelqu'un dit :

– Oh, enfiiii... !

Je tourne la tête, j'aperçois ce type que je connais et dont je voudrais ne plus me souvenir du nom.

Carell.

Carell, lui aussi, vient de s'accouder au parapet, il observe tout ça et il répète :

– Oh, enfiiii... !

Je regarde l'autoroute et je pense : « C'est quand même pas moi qui ai causé ça, si ? » Mais j'ai dû le dire à voix haute, ça a dû m'échapper, parce que Carell me regarde et ses yeux ont l'air de me répondre : « Ben, justement... »

La route

km 46

– Qu'est-ce que tu fais ? !
– Ben, je m'arrache, c'te blague !
– On ne va pas laisser tous ces trucs ici !
– Ben si, pourquoi ?
– Enfin, mais…

Sur le coup, je ne me suis plus souvenu de son prénom, mais ça n'a pas eu l'air de le chagriner.

– Enfin, mais… T'as entendu ce qu'a dit le patron ? Les prospectus sont tous marqués d'un code couleur sur la tranche qui permet d'identifier les distributeurs !

Il m'a regardé comme si je venais de lui expliquer la cuisson des œufs durs et que cette seule connaissance allait transformer toute sa vie. Puis il a ouvert la bouche :

– Ah meeerde ! c'est vrai…

Il est resté comme ça, bouche bée sur ses dents pourries et mal alignées, pendant un temps certain que j'ai mis à profit pour allumer une cigarette. L'allumette, je l'ai éteinte avec précaution en soufflant dessus, puis j'ai mouillé mes doigts avec ma langue et j'ai pressé le haut du bâtonnet encore incandescent. Ça m'a brûlé parce que je manquais d'entraînement, mais je suis resté digne. On était au beau milieu d'une forêt, par un mois de juillet caniculaire, il n'avait pas plu depuis quatre-vingt-neuf jours, autant dire qu'autour de nous c'était une poudrière.

Il a bougé, vite, ce qui était surprenant si l'on considérait son physique presque aussi large que haut. Une sorte de cube juché sur une paire de jambes maigrelettes. Il est allé jusqu'à la voiture dont le moteur tournait toujours et s'est mis à fouiller dans le coffre qu'on avait laissé ouvert après avoir transporté ces milliers de prospectus. Déjà, ça, j'étais contre. Jeter toute cette publicité dans la nature ne collait pas avec mon éthique. Comme ne collait d'ailleurs pas avec mon éthique le fait de devenir, à quarante et un ans, distributeur de prospectus à mi-temps, alors qu'à une époque, pas si éloignée, je courais après ce genre de types pour leur rendre ce qu'ils venaient de mettre dans ma boîte aux lettres dûment estampillée « Stop pub ». Le temps d'y penser, j'ai vu revenir Carell – aussi étrange que cela puisse paraître, son prénom m'est revenu d'un coup, à cet instant précis – avec un bidon à la main, dont il était en train de dévisser le bouchon.

J'ai regardé Carell vider le contenu rosé du bidon sur le tas de papiers en me disant : *« Ce type n'est pas en train de faire ce que tu penses qu'il est en train de faire. »* Ce qui m'a pris approximativement quatre secondes. À la cinquième, Carell craquait une allumette et la jetait. Ça a fait Vlouf ! en même temps que Bang ! et on est restés là, à regarder ce qui venait d'arriver avec des yeux de chat qui urine dans les braises. Dix secondes supplémentaires de perdues. C'est la chaleur intense qui m'a décoincé.

– Mais t'es malade !

Et j'ai couru jusqu'à la voiture. Carell, lui, n'a pas bougé. Il admirait son feu en souriant, les mains dans les poches, comme à un barbecue.

– On file ! Dépêche-toi !

Il s'est tourné vers moi en montrant du pouce les flammes qui grimpaient aux arbres juste au-dessus de lui. Ça prenait déjà des proportions dantesques. Enfin, le bruit des pignes de pin explosant sur les plus hautes branches l'a fait réagir. Il a rentré la tête dans les épaules, a levé les yeux vers les cimes et je crois qu'il a dit un truc bien régional, du genre : « Oh ! enmi ! »

La minute d'après, on remontait le pare-feu à cent à l'heure. Je m'accrochais au tableau de bord en refusant de jeter le moindre coup d'œil en arrière. Carell slalomait entre les nids-de-poule, ce qui, à cette vitesse, était bien plus nocif pour les cardans que de faire un tout droit sans éviter les obstacles. Quand on a repris la départementale, j'ai quand même regardé par-dessus mon épaule. Entre les troncs d'arbres qui défilaient à toute vitesse, j'ai vu le rougeoiement de l'incendie. Au premier virage, il a disparu.

Je me suis alors souvenu qu'à l'aller, on était passés devant un centre de vacances pour enfants. Carell avait dit : « Quelle horreur, ces pauv' mômes ! Tu te vois, toi, passer tous tes congés au milieu des pins avec du grillage tout autour ? C'est pas humain ! » Puis il avait klaxonné trois fois, comme si le son de la corne de brume était la meilleure distraction qu'il pouvait proposer à tous ces nains qui couraient après un ballon sur un terrain de sport à l'à-pic du soleil. Trois minutes plus tard, on arrivait au pare-feu. En regardant Carell ouvrir son coffre, j'avais compris qu'on allait jeter des brassées de papiers en pleine forêt et que, donc, ça ne collait pas du tout avec mon éthique :

– T'es sûr de ton coup ?

– T'inquiète, j'ai fait ça des milliers de fois.

En commençant à décharger le coffre de sa Scénic, je m'étais souvenu que le matin même, dans le hangar de la Corexpo, Carell m'avait pourtant dit que c'était juste la deuxième fois qu'il faisait ce boulot.

On est repassés devant les grilles du centre de vacances et j'ai pensé : *« J'espère que les mômes ne se souviendront pas qu'ils nous ont vus passer avant et après l'incendie. »* Ce à quoi la partie de mon cerveau réservée à l'administration de mes souvenirs m'a dit : « *Vu que l'autre taré a klaxonné trois fois et que sa voiture est rouge, ce serait étonnant.* » Du coup, j'ai eu comme un regain de culpabilité :

– On devrait peut-être prévenir les pompiers, tu ne penses pas ?

– Non, mais n'importe quoi ! Tu sais pas que les pomplards, ils sont capables de t'faire parler pendant plus d'une minute juste pour repérer ton téléphone ?

J'aurais pu lui rétorquer qu'il suffisait de masquer le numéro sortant, mais je ne savais pas modifier les paramètres de mon téléphone. Je me suis contenté de regarder le profil de Carell en me demandant avec quel genre de décérébré j'avais sympathisé ce matin-là.

– Ouh ! j'aime pas bien quand on me r'garde comme ça ! Qu'est-ce t'as ?

– Rien…

km 0

J'avais rencontré Carell l'avant-veille.

Les choses s'étaient passées de la manière suivante.

Deux semaines auparavant, ma femme m'avait mis à la porte du domicile conjugal pour des raisons sur lesquelles je n'ai pas, à proprement parler, envie de m'étendre. Subséquemment, je m'étais mis à chercher du travail. C'était déjà urgent du temps de mon couple, mais désormais ça devenait bêtement vital. Je ne saurais dire ce qui m'affectait le plus. Que Marie, mon socle, ma vie, mon amour, m'ait viré ou qu'il faille que je me débrouille seul pour subvenir à mes besoins. J'avais commencé piteusement par appeler mes parents pour leur demander de me dépanner un peu, le temps de voir venir. Ce à quoi mon père avait aimablement répondu qu'à ce jour, le « voir venir » avait du plomb dans l'aile. Oui, effectivement, je leur avais emprunté de l'argent pour mon mariage. Pour mon voyage de noces aussi. Puis je leur avais demandé d'être caution pour notre premier appartement. À peine un an plus tard, ils remboursaient six mois d'arriérés. Ensuite, je leur avais demandé de nous *épauler* – le choix des mots devient important dès lors que l'on s'adresse plusieurs fois aux mêmes créanciers – pour constituer un petit apport qui nous permettrait d'acheter une maison. Mon père pouvait néanmoins reconnaître que, depuis cinq ans, je leur foutais une paix royale : je ne leur réclamais plus un centime et je ne les remboursais pas non plus.

Ma mère a fini par lui prendre le téléphone des mains. Elle s'est éloignée – au son, je la localisais du côté de la salle de bains – et m'a dit :

– Bon, écoute : j'ai encore la petite réserve de Mamie, mais tu sais…

Mon père avait dû la suivre parce que je l'ai entendu s'écrier :

– Non ! Cécile, j'ai dit non ! Enfin, mais c'est un monde !

– Jean-Louis, je parle avec mon fils, si tu permets…

– À l'âge qu'il a, ce n'est pas lui rendre service.

– Jean-Louis !

Mon père est parti en râlant, ma mère l'a laissé prendre le large avant de poursuivre :

– Vincent, je suis désolée, ça ne va pas être possible. C'est Papa qui fait les comptes, tu sais bien. Mais tu sais aussi que tu as toujours le premier étage ici. Si vous voulez venir vous installer, toi, Marie et la petite…

Ma mère n'achevait que rarement ses phrases. C'était une ribambelle de points de suspension qui s'en chargeaient. Peut-être était-ce d'elle que j'avais hérité cette propension à ne jamais rien finir, à tout laisser à l'état de chantier. Je ne leur avais pas annoncé que Marie me quittait. Juste qu'on traversait une sorte de vortex et qu'on envisageait de mettre la maison en location pour quelque temps. L'idée de revenir m'installer chez mes parents m'a paralysé la glotte cinq secondes. J'ai saisi cette pauvre balle au bond et j'ai dit :

– Bon, ben, le temps que la location se mette en place, je vais venir dormir à la maison…

– Ça ne va pas avec Marie ?

Comme souvent, mon *je* venait de me trahir.

– Non, si, enfin bon… ce n'est pas facile tu comprends ? Je crois qu'il faut qu'on s'accorde un peu de temps, chacun de son côté.

Elle avait bredouillé qu'elle comprenait. Enfin, elle prenait surtout ce qu'il y avait à prendre, ce que je voulais bien lui donner, à la petite cuillère, pour nourrir ses inquiétudes de mère. Oui, j'avais quarante balais passés, elle et moi le savions très bien, mon père le savait, Marie le savait. Léa n'avait pas encore l'âge de le savoir, mais un jour ou l'autre, Marie transmettrait, je n'avais aucun doute là-dessus. J'avais quarante et un ans et je n'entrais pas dans le moule du bon père de famille. Un défaut de conception. Alors on m'avait sorti de l'usine, posé dans une benne où j'attendais qu'un camion vienne me charger pour m'emmener à la déchetterie. J'aurais pu voir les choses autrement, c'est vrai, mais c'était ainsi que je souhaitais m'autoflageller. Qu'on ne vienne pas me reprocher ensuite de ne pas prendre sur moi.

Le lendemain, je posais mon sac dans ma chambre, au premier étage de la maison de mes parents, comme on le voyait faire dans les films américains quand le jeune soldat rentre du front, des massacres plein la tête, et retrouve ses fanions de base-ball et son calendrier à pin-up. La chambre qui avait connu mes premiers émois solitaires face aux posters de Rosanna Arquette et de Kim Wilde, puis mes premières copines – qui me les avaient fait retirer –, était ensuite devenue la résidence d'été de mon couple. En termes de vacances, je n'avais rien eu de mieux à lui offrir. La plage était à deux kilomètres, après tout, et Marie avait semblé s'en satisfaire.

Dans la semaine qui suivit, je consultai les offres d'emploi, m'inscrivis dans tout ce que la région comptait d'agences d'intérim. Face à leur silence – qu'est-ce que ces gens-là pouvaient bien faire d'un type comme moi qui n'avait que deux qualifications très éloignées l'une de l'autre : les dents et les notes de musique ? –, je finis par me résoudre à appeler cette société qui proposait régulièrement des CDI de distributeur de prospectus. Deux jours avant l'incendie de la forêt de Cadaujac, j'entrais à la Corexpo pour une réunion de formation qui prit tout juste une heure.

Nous étions cinq. L'instructeur – M. Michel, qui était aussi le patron des lieux – faisait les cent pas dans cette petite salle en nous expliquant comment il convenait de distribuer la publicité dans les boîtes aux lettres. Au passage, l'air de rien, il nous avertissait aussi de ce qu'encouraient les petits malins qui se débarrasseraient de leur tâche dans un conteneur à ordures. Ce n'était pas mal payé, c'était juste de l'esclavage. Salarié à mi-temps, le travail consistait à recevoir chaque matin une palette de prospectus de diverses enseignes, à les assembler pour former ce que M. Michel appelait « une poignée », puis à s'éparpiller dans les banlieues proches, muni d'un itinéraire qu'il fallait suivre à la lettre. La période d'essai était de huit distributions, au Smic horaire selon une base de cinq heures par jour. Si vous dépassiez ce quota, c'était pour votre pomme. Tout ça, selon M. Michel, avait été solidement ficelé par le patronat en accord avec les syndicats. Lesquels ? Il ne prit pas la peine de les mentionner.

Lorsque j'ai rencontré Carell, j'en étais à mon troisième jour et le quota, je l'avais largement avalé : sept mille neuf cents prospectus assemblés, mille trois cents boîtes aux lettres plombées, dix-neuf heures à suer sous un soleil d'enfer, des kilomètres à parcourir à pied en portant des tonnes de papier au creux du coude pour soixante-dix euros nets d'impôts. Si je visualisais très bien l'intérêt du patronat dans cette affaire, j'avais un peu plus de mal à imaginer ce que les syndicats avaient pu obtenir en échange. Quand Carell était arrivé dans le hangar de la Corexpo, j'étais en train de trancher les liens d'un paquet de promos pour un hard-discounter.

Sur la couverture s'étalaient des râbles de lapin, des gigots de mouton et des blancs de poulet à des prix inquiétants. Il m'a sans doute dit bonjour, mais j'avais enfoncé les écouteurs de mon iPod bien profondément dans mes oreilles pour ne plus entendre le cirque cinglant du transpalette qui circulait entre les tables. Je n'avais pas fait la moitié du boulot et il était déjà 9 h 30. La journée précédente m'avait mis à genoux. J'avais mal partout et l'encolure de mon T-shirt raclait douloureusement le coup de soleil qui me cuisait la nuque. La veille au soir, je m'étais battu avec ma mère pour qu'elle me foute la paix avec son tube de Biafine. Ça ne l'avait pas empêchée de courir au supermarché du coin pour m'acheter un litre d'écran total.

Carell a très vite engagé la conversation. Visiblement, les deux cordons qui me sortaient des oreilles et la musique qui s'en échappait ne le dissuadaient pas. Il me parlait, me regardait par intermittence, tout en s'adonnant à sa tâche. Que je ne lui réponde pas, que je le regarde à peine ne semblait pas du tout le perturber. Sans doute se disait-il que je n'étais pas bavard. Peut-être même timide. Ou bien ne se disait-il rien. Ou bien encore était-il une sorte de demeuré qu'on avait posé là, face à moi, pour me ralentir, parce que j'étais nouveau. J'ai fini par retirer l'une de mes oreillettes pour lui montrer que j'en avais une autre en fonction. J'ai pensé qu'il allait comprendre et s'excuser, surtout comprendre. Mais que dalle. Il était au beau milieu d'une phrase :

– … c'est que la deuxième fois que j'fais ce truc de prospectus. Mais je m'en cogne, tu vois. Parce que moi, ça ou autre chose, c'est pareil, tu vois c'que je veux dire. Toi, j't'ai bien observé et j'peux te dire que t'as l'air d'avoir pris le coup de main, non ? C'est marrant d'ailleurs, parce que t'as pas l'air comme ça.

– L'air quoi ?

– Ben, l'air… j'en sais rien moi. L'air d'un type qui sait faire ces trucs-là, avec les prospectus, j'veux dire. T'as plutôt l'air du genre artiste, un mec qui travaille avec sa tronche, pas avec ses mains. J'peux te prêter des gants si tu veux, j'en ai plein dans mon coffre.

Soupirer lourdement a été ma première réaction. *« Laisse tomber ! »* Je me répétais ça comme un mantra depuis trois jours, depuis la réunion de formation, depuis que M. Michel dans la petite salle là-bas nous avait dit :

– Bon, voilà, vous savez l'essentiel. Maintenant, ceux qui sont pas intéressés, ils peuvent sortir. Les autres, on se voit dans mon bureau dans dix minutes.

On s'était retrouvés à deux. Les trois autres s'étaient carapatés en ricanant. Des mecs de cinquante ans, taillés épais, déjà tout vu, tout traversé, peur de rien. Sauf de ce boulot. Ça n'aurait pas été pire s'ils nous avaient craché leur mépris sur les pieds. Je les ai regardés sortir l'un après l'autre en leur hurlant mentalement le mien : *« Vous savez pas qui je suis, tas de nases ! Vous savez pas ce que je vaux, vous savez pas ce qui m'a amené dans cette boîte, vous savez rien. Alors barrez-vous si vous voulez, mais me jugez pas.* »

Mon coreligionnaire devait avoir la vingtaine. Je l'ai laissé entrer en premier dans le bureau du patron pour passer l'entretien d'embauche qui consistait à remplir un formulaire : nom, adresse, date de naissance, numéro de sécu, etc. Je nourrissais secrètement l'espoir qu'il n'y aurait qu'un seul poste à pourvoir et qu'il allait prendre ma place. J'ai entendu M. Michel lui demander :

– Ah ouais ! alors comme ça t'es né en Guinée. Mais t'as ton titre de séjour, au moins ?

– Oui, bien sûr.

Dans sa réponse il n'y avait que le « bien » qui était sûr. C'était mort. Le patron a dit :

– Ben, faudra nous l'amener et puis attendre.

– Attendre quoi ?

– La réponse du siège. Faut qu'ils vérifient. Tu comprends ?

Le Guinéen s'est levé – il a quand même poussé la déclaration qu'il venait de remplir en direction du patron, une façon de lui signifier que ce bout de papier ne le résumait pas, ni lui ni sa volonté de s'en sortir – et puis il est parti.

– À vous !

J'ai traversé le bureau et j'ai pris la chaise encore chaude. J'avais rempli mon dossier dans le couloir en attendant mon tour. Moi aussi, je l'ai poussé vers le directeur avec le même message dans les yeux, quoique un peu plus nuancé sur l'aspect volontaire. Ça ne lui a pas fait grand-chose. Des postulants, il en croisait tous les jours, des types qui feraient défection en deux coups les gros ou qui se feraient prendre en train de bazarder leurs paquets dans une poubelle. Il m'a fait l'article sur le contrat que je n'aurais de toute façon ni le temps ni l'envie de lire. J'ai signé, tendu mes pièces d'identité à photocopier et puis je suis sorti. Au troisième jour, Carell est apparu à ma table.

km 16

– J'te gonfle, c'est ça ?

De manière générale, je détestais le conflit. Mais je ne supportais pas non plus de blesser quelqu'un. J'avais donc beaucoup de mal avec la franchise. Je n'y pouvais rien, c'était ainsi. À une époque où elle s'était mise en tête d'analyser ce que j'étais et d'où je venais, Marie m'avait expliqué que tout cela découlait, sans aucun doute possible, de mon rejet du conflit.

– Mais si, c'est ça : j'te gonfle. Arrête, j'ai bien vu, t'as soupiré. Quand les gens ils soupirent, c'est pour deux raisons : soit on les gonfle, soit ils se gonflent tout seuls. Toi, j'pense pas que tu te gonfles tout seul, alors ça doit forcément être moi qui te gonfle. Tu peux me le dire, tu sais, j'ai l'habitude. Je gonfle tout le monde. J'sais pas pourquoi, d'ailleurs. Alors ?

Il était là, il souriait avec son visage d'ange raté, son physique impossible – trop petit pour la hauteur des tables de tri et trop gros pour se caler correctement

– et son accent bordelais des années soixante. Que pouvait bien me vouloir ce type ?

– Alors quoi ?

– Ben, que j'te gonfle et que du coup tu soupires.

Je venais de perdre un peu plus d'une minute. L'équivalent d'au moins douze « poignées » – selon mes capacités. Je planifiais déjà la suppression de la prochaine pause-cigarette. Mais ce Carell venait de percer un peu mon blindage. Parce que oui, blindé je l'étais. La première matinée m'avait convaincu que je ne ferais pas mon trou dans ce cloaque, au milieu de tous ces pauvres gens qui ne se parlaient pas ou qui parlaient trop, de riens minables, sans aucun intérêt, barbotant dans une inculture commune. Leur existence m'inspirait de la peur : trimer comme un sourd toute une vie sans profiter de rien, seulement parce qu'il fallait subvenir à l'entretien d'une famille, était une chose que j'avais toujours refusé d'envisager.

Le premier matin à la Corexpo, j'avais amèrement regretté de ne pas avoir apporté mon iPod. Quatre heures durant, j'avais pris sur moi, je m'étais agrippé à ces saloperies de publicités en me disant qu'une fois dans la rue, je serais enfin seul face à mon complexe de supériorité, et que lui et moi allions bien nous marrer. Mais une fois dans la rue, mon complexe était resté terré dans mon caleçon et je n'avais pas vraiment eu l'occasion de penser. À part peut-être à un moment où, à la sortie d'un immeuble, j'avais entendu un père dire à sa fille en s'éloignant : « Tu vois, Sarah, si tu ne travailles pas à l'école, tu finiras comme ce monsieur... » En fait, je ne l'avais pas entendu dire ça à sa fille. D'ailleurs, il ne lui avait rien dit. Ils s'étaient éloignés vers le parking sans se retourner. Mais c'était l'image que j'avais eue de moi à cet instant. Vers la fin de la journée, j'avais balancé quelques poignées de prospectus dans une bouche d'égout, juste pour reprendre un peu les rênes : *« Ouais, mec, t'es en train de transgresser un putain d'interdit, là ! »*

Le troisième jour, Carell est arrivé au hangar au moment où j'allumais ma première cigarette de la journée. Il était huit heures, j'avais pris une bonne avance, j'avais moins de « poignées » à faire, j'étais cool, avec l'intégrale de Dave Brubeck sur mon iPod. Je devais avoir l'air un peu plus engageant que la veille.

– Salut ! T'as vu, j'ai fait comme toi !

Enfilée dans les oreilles de Carell, il y avait une paire d'écouteurs. La même que la mienne. J'ai dit « Salut ! », il m'a montré ma cigarette d'un coup de menton. J'en ai déduit qu'il en voulait une, je lui ai tendu mon paquet, il en a pris deux, une pour lui, l'autre pour son oreille droite. J'ai failli lui rappeler qu'il avait deux oreilles, mais je me suis contenté de sourire à mon tour.

– C'est un combien ton iPod ?

– Un combien de quoi ?

– Un combien de Gb, là, les trucs pour mettre de la musique dedans.

– Les gigas ?

– Ouais, peut-être, les gigas.

– Euh… c'est un vieux, c'est juste un 80…

– Nan ! Sans déconner ?

Il avait l'air de ne pas en revenir. Pourtant, je m'étais montré modeste : 80 gigas de musique, cinq ans auparavant, ça représentait quand même une somme. Aujourd'hui, pour le même prix, évidemment…

– Tu peux mettre *que* 80 morceaux dessus ? Oh ! enfi ! C'est quoi ton truc de baltringue ? Attends, mais moi le mien, j'peux lui mettre quarante mille musiques, si j'veux.

Il avait sorti de sa poche un iPod tout neuf, et il était en train de le marteler avec son index pour bien me faire rentrer dans le crâne qu'il avait quand même du meilleur matos que moi. J'ai renoncé, j'ai écrasé ma clope en baissant la tête et j'ai recraché la fumée par le nez. Si tant est qu'il ait eu les capacités requises pour interpréter mon geste de cette manière, Carell a peut-être pris ça pour une démonstration d'acrimonie. Il m'a posé une main sur l'épaule et m'a retenu alors que je m'apprêtais à retourner au tri.

– Hé mec ! j't'ai pas vexé au moins ?

– Ah, non, pas du tout. C'est juste que j'ai un gros secteur à faire aujourd'hui…

– Tu fais lequel ?

– Carbon-Blanc.

– Hé ! Mais c'est juste à côté de chez moi !

– Ah…

Carell et moi, on est rentrés dans le hangar. Peu de gens nous ont prêté attention. On est passés de part et d'autre de la table, j'ai recommencé à bosser et je me suis rendu compte au bout d'un temps que, en face de moi, Carell ne bougeait plus.

Il me regardait.

Avec un petit sourire assez laid. Je me suis dit : *« Voilà, tu vas te faire un nouveau pote et c'est un sauproudré. De toute façon, il ne fallait pas attendre autre chose de cette période ! »*

M. Michel est sorti de son bureau en trombe :

– Non, mais oh ! Carell, vous allez vous décider à venir me voir ou quoi ? Ça fait combien de temps que vous êtes là, bon sang de merde ?

Une heure plus tard, dans un lotissement de Carbon-Blanc, j'étais en train d'aligner ma sixième rue, plutôt content de mon rythme. La veille au soir, je m'étais couché tôt, rincé, puant la Biafine, et j'avais fait une nuit sans rêve marquant, ce qui semblait payer. Il était à peine 10 h 30. Si je me donnais à fond, j'avais des chances de respecter enfin le mi-temps, et à quatorze heures, quinze tout au plus, je serais dans la piscine de mes parents avec une bière glacée. Une voiture s'est garée sur le trottoir d'en face en freinant trop tard. Le pneu a encaissé le choc. Quand la portière a claqué, j'avais déjà laissé trois boîtes aux lettres derrière moi – dont deux en « Stop pub ».

– Hé mec ! Mec !

Dès le premier jour, je m'étais préparé à faire une mauvaise rencontre. Les gens n'en pouvaient plus de la pub qui saucissonnait leur vie à la télé, à la radio, dans les journaux, et en rentrant chez eux le soir ils découvraient qu'on en avait inondé leur dessous de porte. Alors je m'étais dit que ce serait au mieux un chien, au pire un excité qui viendrait me planter mes promos au fond de la gorge. Donc, trois jours plus tard, je rencontrais mon premier agresseur.

– Hé mec ! Qu'est-ce c'est cette merde ? !

Je me suis arrêté, sans me retourner. Il s'en est chargé. Une main sur l'épaule et je me suis retrouvé face à lui. Carell. Brandissant son iPod. L'écran était fêlé comme s'il avait pris une balle. La paire d'oreillettes avait été arrachée, ne laissant plus au sommet de l'appareil que la prise jack et un court faisceau de fils de cuivre crêpés.

– Pourquoi t'es là, toi ?

– Attends, c'est moi qu'a posé la première question, j'te f'rais dire. C'est quoi ce truc de nase !? Enculé, y a même pas de musique dedans ! J'ai appuyé sur tous les boutons : y a de la lumière à l'intérieur. Kesjenaihafout' moi de la lumière, tu peux me dire ? C'est de la musique que je veux !

– Tu as un ordinateur au moins ?

Pour exprimer l'incompréhension, Carell semblait avoir une palette assez réduite d'expressions faciales. Il s'est donc contenté d'ouvrir la bouche tout en contractant ses abdominaux. En dehors du fait qu'il avait soudain l'air d'un obèse qui tente d'attirer l'attention d'une jeune femme en bikini, cette attitude devait signifier quelque chose pour lui.

– Pour faire quoi, un ordinateur ?

– Il te faut un ordinateur pour mettre de la musique dans ton iPod.

– Houla ! Attends, je t'arrête tout de suite. S'ils te vendent un truc tout petit comme ça, c'est quand même pas pour que tu te trimbales en plus un ordinateur. Sinon, alors, mais c'est portenaouak…

– Mais non. Évidemment pas. Tu prends un CD… un compact disc…

– Un comment t'as dit ?

– Un CD. Bon, tu prends ton CD et tu le mets dans ton ordinateur, et avec un logiciel tu transfères la musique dans cet ordinateur. Tu branches ton iPod sur l'ordinateur avec le câble qu'ils ont dû te fournir dans la boîte. Et tu télécharges la musique de ton ordinateur vers ton iPod. Après, tu peux lire toute la musique que tu…

– Pourquoi tu t'fous de ma gueule ?

Je le reconnais, j'avais accompagné mon explication d'une série de petits gestes concis destinés à bien expliciter mes propos. Dans le même temps, j'avais considérablement diminué le débit de mes paroles et monté le ton d'une ou deux octaves. Pour finir, je dodelinais de la tête et je m'appliquais à sourire sans montrer mes dents.

– Mais je me fous de personne. Je t'explique, juste…

– Non, arrête, tu m'parles comme si j'avais deux ans et demi. Même que t'as souri à la fin. Comme ma mère elle faisait. Elle avait de ces dents ma mère quand elle souriait, oh ! enfi ! Pas comme les miennes. Merci l'héritage. Regarde !

Avec ses doigts énormes pleins d'encre sèche et d'autres saletés compactées sous l'épiderme, il a tiré sur sa lèvre supérieure. Dessous, il y avait un soupçon de dentition, largement battu en brèche par une importante dyschromie marron et noire. Une centrale à bactéries.

– Bon, je m'excuse mais il faut que je travaille, là. Je voudrais finir tôt.

– Ah bon ? Tu fais quoi après ?

– … Rien.

– Ben, pourquoi tu veux finir tôt si t'as rien à faire après ? C'est quand même bizarre d'être pressé de rien foutre.

– Il faut vraiment que j'y aille.

Sur le coup, il n'a pas eu l'air de vouloir insister. Il s'est retourné en faisant un signe de la main, comme Peter Falk dans *Columbo* quand il dit au revoir à des gens qu'il reviendra soûler moins de cinq minutes plus tard. J'ai noté qu'il était arrivé à bord d'une belle Volvo bleue, mais je n'ai pas fait de commentaire et je me suis remis en chemin.

– Ouais, mais t'es gentil toi, attends. Tu me parles d'un ordinateur, mais un ordinateur comment d'abord ?

Une demi-heure plus tard, j'étais assis à la place du mort dans la voiture de la mère de Carell. Il conduisait à côté de moi, la vitre baissée, le coude dehors, une clope au bec, la musique à fond. Johnny Hallyday. Pour en arriver là, il s'était passé trois trucs.

D'abord, la suite de cette discussion dans la rue du lotissement :

– Ben, c'est-à-dire qu'il y en a plein, mais en gros, tu as deux modèles : les PC et les Mac. Voilà.

– Oui, merci, ça j'connais. T'en as un, toi ?

– Oui, un ordinateur, j'en ai un.

– Et c'est quoi comme modèle, alors ?

– Euh… ben, un Mac.

« C'est ça, raconte ta vie à un inconnu particulièrement trépané qui vient te débusquer dans ta tournée et qui te demande ce que tu fais après le boulot. Vincent, ce type est dingue ! Bien plus dingue qu'un chien de garde ou qu'un pauvre couillon qui viendrait te faire bouffer tes prospectus ! »

– Y a un truc que j'pige pas, mec : pourquoi tu fais ce boulot de merde si t'as assez de thune pour te payer un Mac ?

– Justement : pour le payer, ce Mac… maintenant que je l'ai.

Carell m'a refait le coup des abdos et de la bouche ouverte, ça lui a laissé trente bonnes secondes pour réfléchir, et moi, huit boîtes aux lettres de retard.

– Bon…

– Ouais, O.K., j'te laisse, 'scuse !

Demi-tour, main levée. J'ai rechargé les prospectus sur mon avant-bras, repositionné la visière de ma casquette et mes lunettes de soleil. J'ai commencé à m'éloigner tout en écoutant ce qui se passait derrière moi. La portière de la Volvo a claqué, j'ai soufflé. J'ai entendu Carell passer la première, puis la voiture descendre du trottoir en émettant un bruit mat. J'ai accéléré le pas. La portière s'est rouverte. Le bout de la rue était à portée de main, à peine une dizaine de boîtes à gaver.

– Oh ! enquiiii ! J'ai crevé… ! Hé mec ! Tu le crois que j'ai crevé ?

Je me suis retourné.

Fin du premier acte. Le second commence juste après.

Effectivement, le pneu avant droit était mort, et comme Carell n'était pas monté sur le trottoir avec le dos de la cuillère, la jante aussi en avait pris un coup. J'étais désolé de constater les dégâts et je souhaitais qu'il le sache. Alors j'ai dit :

– Tu as une roue de secours de toute façon.

Ce à quoi j'ai rajouté en baissant la voix pour ne pas être entendu :

– Tu veux peut-être un coup de main ?

– T'es pas con, non ? Tu crois que j'vais me faire chier à changer un pneu maintenant, alors qu'il faut que j'ramène mon iPod au service après-vente et qu'ensuite j'me trouve un Mac ?

Je voulais bien reconnaître la simplicité du problème et en faire part à Carell, mais je voulais surtout filer, et ça n'allait pas être simple. D'autant qu'il venait de poser ses deux mains sur le capot de la Volvo et qu'il avait rentré la tête dans ses épaules. J'en ai déduit qu'il réfléchissait. J'ai fait un pas en arrière.

– Ouais, bon, c'est pas grave. On va prendre la voiture à ma mère.

– On ? On qui ?… Ah, oui mais non, je suis désolé, j'ai une tournée à finir. Je ne sais pas pour toi, mais en ce qui me concerne, il faut que j'avance.

– Ah ouais ? Parce que tu préfères faire le pingouin, là, avec tes pubs, plutôt que de venir avec moi chourr… choisir un ordinateur ? T'es pas clair, mec.

– Qu'est-ce tu viens de dire, là ? Je suis pas clair ? Je fais le pingouin ?… Pourquoi tu dis des trucs comme ça ? Tu ne sais pas qui je suis ni où j'en suis. Tu ne sais même pas ce que je traverse en ce moment. Tu ne sais pas dans quelle merde je me suis foutu pour en arriver à fourrer des prospectus dans les boîtes aux lettres et toucher trois ronds. Tu n'as peut-être pas eu une vie facile toi non plus, mais je viens pas te faire chier pendant que t'es en train de bosser. Tu… tu… tu… J'ai bac + 6, moi, mon gars ! Est-ce que ça te dit quelque chose, bac + 6 ? J'ai bossé pendant quinze ans et chaque jour, je touchais dix fois le salaire hebdomadaire qu'on me file à la Corexpo… Je suis un artiste, c'est pas pour moi ce boulot. En plus, je suis en train de m'abîmer les doigts. Regarde-moi ça, putain : j'ai des ampoules partout, j'ai les bras défoncés, j'ai plus de dos ? Comment tu veux que je touche un piano après ? Et puis pourquoi je te raconte tous ces trucs ?

Je ne m'en suis rendu compte que quand la première larme a coulé. Je n'avais pas parlé longtemps mais assez pour aller m'asseoir sur le trottoir, laisser échapper ma pile de publicités. Et là, je pleurais. Le temps que je réalise, que je me remette debout, que je vire mes lunettes de soleil pour m'essuyer les yeux et me beurrer la cornée à l'écran total, la rue était déserte. Carell avait filé. Pendant les premiers mètres, j'ai essayé d'en rire en me disant que j'avais trouvé la parade pour faire fuir ce pauvre type. Mais ça n'a pas pris. Du tout.

Tout est revenu. Une avalanche de trucs superposés, non traités, laissés à l'abandon, en mauvais équilibre : ma femme, ma gosse, ma vie, mon œuvre foirée, cette existence basée sur mon incapacité à dire simplement « oui » ou « non » aux autres, à être un tant soit peu en phase avec mes envies et mes désirs. J'en arrivais à un point redoutable : celui où ma mascarade ne fonctionnait plus, où plus rien de ce que je pouvais me raconter ne faisait illusion. Se mentir à soi-même demande la même constance que de mentir aux autres. Il faut croiser les scénarios en permanence pour ne pas se gourer dans les scènes, se fabriquer des fiches mentales, les avoir à portée de neurones parce qu'à la moindre erreur, vous tombez dans un trou béant. Et il n'y a personne pour vous reprocher quoi que ce soit. Personne d'autre que vous-même. C'est le plus compliqué.

J'ai atteint le bout de la rue sans poster un seul prospectus. Je me suis retrouvé sur une avenue, aveuglé par le soleil. J'ai reculé de quelques mètres pour venir me remettre à l'ombre d'un immeuble et j'ai essayé de me calmer. J'ai remarqué une bouche d'égout, en face. J'ai traversé et j'ai jeté le paquet. C'est à ce moment-là qu'une voiture est entrée dans la rue et a failli me renverser.

Fin du deuxième acte. Début du troisième.

La première chose à laquelle j'ai pensé, c'est : *« Merde, le type a forcément vu ce que je faisais, il a plus qu'à contacter la Corexpo et raconter la scène et je suis cuit, mais je m'en fous, des Corexpo y en a une tripotée ! »* Un beuglement a interrompu ma panique :

– Whoua'r'enculé ! Je t'ai vu ! Comment que j'te gaule en plein flagrant délit de jetage ! Haaaan !

Carell était accoudé à la vitre ouverte d'un Scénic dernier modèle. Rouge. Il se marrait.

– J'ai failli t'écraser, Ducon. Bon, allez, monte !

Aujourd'hui encore, je ne sais pas pourquoi je suis monté dans cette voiture. Sans doute parce qu'un autre que moi en avait décidé ainsi. Je sais juste que la portière s'est ouverte, et que la portière s'est refermée. Entre les deux, j'ai eu le temps de m'asseoir et de boucler ma ceinture.

– Fous pas ta ceinture, on s'arrête dans cinquante mètres.

On s'est effectivement arrêtés cinquante mètres plus loin, devant la Volvo échouée entre la chaussée et le trottoir, le pneu en berne. Carell est descendu sans couper son moteur, puis il s'est penché à la portière :

– Hé ! Tu viens m'aider ?

Il avait décidé de transbahuter ses prospectus d'un coffre à l'autre. Ce qui nous a pris à peine quatre minutes. Il a claqué le coffre et on est remontés dans le Scénic.

– T'es garé où ?

– Sur la place, un peu plus loin, pourquoi ?

– On va prendre tes papelards avec nous et puis on va se faire la distribution à deux. Qu'est-ce t'en dis ?

Le problème, c'est que je n'en ai rien dit. J'ai juste regardé Carell et j'ai été pris d'un fou rire.

– Tu te fous encore de ma gueule.

– Mais non ! Excuse-moi, c'est vraiment pas ça…

Le rire, comme les pleurs tout à l'heure, ne voulait pas cesser. Carell a embrayé et on a remonté la rue comme une balle. En arrivant devant ma voiture, je ne riais plus du tout, j'étais gris. On avait percuté un chat à mi-course, le corps avait explosé sur la calandre, on avait reçu du sang jusque sur le pare-brise. Carell n'avait même pas freiné. À part là, devant ma voiture.

– T'es tout gris, qu'est-ce y t'arrive ?

– On a écrasé un chat.

– Hein ?

À aucun moment Carell n'aura jeté le moindre coup d'œil au sang sur le pare-brise. Un peu plus tard, sur le chemin de la forêt, il se décidera à passer un coup de lave-glace en disant : « Bordel, mais c'est quoi ces traces rouges qui veulent pas partir ! »

On a transféré mes prospectus dans le coffre du Scénic.

Fin du troisième acte.

km 166

– Il est hors de question que je fasse un truc pareil. Il ne vous l’a pas dit le patron ? La Corexpo surveille les secteurs de distribution.

– Ah ouais ? Et tu peux m’expliquer, Mes Chouanes, comment ils font pour surveiller ? Tu crois peut-être qu’ils regardent dans toutes les boîtes aux lettres ? N’importe quoi, lui. Laisse-moi te dire que si c’est ce qu’ils font, ben c’est quand même sacrément con, parce qu’entre le moment où qu’on termine un secteur et le moment où qu’ils vont le surveiller, la plupart des gens, ils sont rentrés chez eux et ils les ont déjà foutus à la poubelle, les prospectus. T’es pas d’accord ?

Est-ce qu’on pouvait ne pas être d’accord avec Carell ? J’ai failli lui poser la question et puis j’ai fini par la lui poser quand même, pour jauger ce type qui m’emmenait acheter un ordinateur pour pouvoir écouter de la musique sur le même type de matériel que moi, mais en mieux. Il a barri. Oui, apparemment, Carell ne riait pas, il barrissait.

– Dis donc : tu t'es moqué de moi tout à l'heure parce que je travaillais comme un nègre alors que j'avais les moyens de me payer un Mac, mais qui est-ce qui roule en Volvo, qui la laisse en plan avec une roue crevée, et qui revient cinq minutes après avec un Scénic de l'année dernière ?

– C'est moi, pourquoi ? Ah ça ? C'est la bagnole à ma mère, j't'ai dit.

– Pourquoi tu fais ce boulot, toi, alors que ta mère a de l'argent ?

– Pour me racheter une autre Volvo avec des pneus neufs, tiens, Ducon !

Il a poussé un grand cri pour ponctuer son rire de pachyderme. Je me suis gratté la gorge. Ça s'éternisait, j'ai demandé si je pouvais fumer. Il a continué de rire, j'ai allumé une cigarette. Il a cessé de rire.

– Passe-moi une clope.

– Bon, est-ce que tu peux m'expliquer ce que tu comptes faire de nos prospectus ?

Je me suis surpris moi-même : envisageais-je donc à cet instant de ne pas terminer ma distribution pour suivre ce Carell ? De ne pas rentrer chez mes parents pour me défoncer consciencieusement à la bière dans leur piscine d'eau de mer ? De ne pas passer la soirée dans ma chambre, les yeux collés sur la télé à zapper de séries moyennes en téléfilms anorexiques ?

– T'inquiète, j'ai tout prévu. Je connais un endroit.

Moins d'une heure plus tard, on incendiait la forêt de Cadaujac et on repartait aussi sec.

– J'appelle les pompiers !

Quand il a vu mon téléphone, Carell me l'a arraché des mains et l'a jeté par la vitre ouverte.

– Noooon !

– T'en auras un autre plus tard.

– Mais j'avais tout là-dedans ! Mes numéros de téléphone, mes mails, mes… Arrête-toi ! CARELL ! STOOOOOOP !!!!

Comme le feraient la plupart des voitures qu'on conduirait dans les jours suivants, le Scénic a glissé sur plusieurs mètres avant de s'immobiliser au milieu de la chaussée. J'ai ouvert la portière sans même vérifier si un autre véhicule n'était pas en train de nous doubler, et j'ai voulu m'élancer. Ce n'est pas un véhicule qui nous doublait, mais un hélicoptère qui passait en rase-mottes au-dessus des pins. J'ai bondi dans le Scénic où Carell scrutait le ciel par le toit ouvrant.

– Qu'est-ce que t'attends ? Roule, on va se faire repérer ! Vite !

On a roulé. Pas vite. Carell restait tanqué en cinquième, à quatre-vingt-dix, limiteur de vitesse enclenché. J'ai commencé à m'agacer, mais, très calme, Carell s'est expliqué :

– Tu crois pas qu'ils vont faire le lien entre l'incendie et une voiture rouge qui roule à deux cents sur une petite route au milieu des bois ? T'es bac plus combien déjà, gros nain ?

J'ai dû m'endormir à un moment ou à un autre, parce que quand je me suis réveillé, on était de nouveau arrêtés et Carell n'était pas là. La voiture était garée au milieu de l'immense parking bondé d'un centre commercial. Il faisait une chaleur accablante. J'ai ouvert la portière et je suis sorti. D'abord pour voir si j'apercevais Carell quelque part, ensuite pour essayer de reconnaître l'endroit. Carell n'était pas visible, et en dehors du fait que nous étions aux abords d'un hypermarché, rien ne le distinguait d'un autre. On aurait tout aussi bien pu être revenus à Bordeaux qu'avoir atteint Strasbourg. En fait, on était dans le Lot-et-Garonne.

J'ai mis du temps à le comprendre, moins à l'accepter. J'étais nul en départements, mais à force de voir tourner autour de moi des voitures immatriculées dans le 47, j'ai fini par aller détailler la plaque de nos voisins. *Garage Granger, Agen.* J'avais dormi sans m'inquiéter du parcours une seule minute, l'esprit anesthésié – ou parfaitement confiant, j'aurais été incapable de le dire. Je suis quelqu'un qui dort bien quoi qu'il se produise. L'incendie m'est revenu en pleine face au moment où une BMW s'arrêtait à ma hauteur.

– Ah, ben ça y est ! T'es réveillé ?

Une BMW, vitre ouverte, avec Carell accoudé à la portière.

km 396

Quand on a quitté le parking du centre commercial, c'est-à-dire quand j'ai fini par accepter de monter dans la nouvelle voiture volée par Carell – « Juste pour faire un tour, j'ai un truc à te faire écouter », m'avait-il dit pour que je morde à l'hameçon –, il m'a conduit jusqu'à un terrain vague à la sortie de la bourgade. Là, il a consulté sa montre, puis l'horloge du tableau de bord, comme dans les films où les personnages se mettent en rond pour synchroniser leurs Timex. Il était 14 h 58.

– Bon, Carell, qu'est-ce qu'on fait, là ?

En guise de réponse, il m'a collé sa grosse main sale sur la bouche et m'a plaqué à l'appuie-tête. À quinze heures tapantes, il s'est détendu, a retiré sa main pour allumer l'autoradio. Des enceintes arrière a surgi un dépotoir de basses et, en tout petit, la voix d'une fille qui tentait de trouver sa place au milieu du beat infernal, tout ça pour répéter à l'envi : « *Oh ! Baby ! Yeah ! Shake it well !* » Carell a commencé à tripatouiller les boutons en hurlant « Merde ! Merde ! Merde ! Chier ! » puis « Mais aide-moi à trouver la radio, putain ! ». J'ai effleuré une touche et on est tombés sur le flash infos d'une radio libre, avec un animateur qui parlait vite, et en fond sonore la bande-son de *Bullitt* par Lalo Schifrin. Le morceau *Ice Pick Mike* réduit à l'état pitoyable d'accessoire dramatique. Écœurant. J'avais vieilli d'un coup, je détestais les jeunes et l'ensilage qu'on leur vendait. Carell s'est écrié :

– Ben, ça te fait rien ?

– Hein ?

– T'as entendu ?

– De quoi ? La musique ? M'en parle pas, c'est à vomir…

– Non, mais t'as pas entendu !? Tu pensais à quoi, là, quand le mec il parlait ?

Carell a retrouvé tout seul la touche pour changer de station, preuve qu'il avait au moins une mémoire visuelle, et on est tombés là-dessus :

« … ont pu déterminer que les causes de l'incendie étaient criminelles. Ce sont déjà plusieurs centaines d'hectares de forêt qui ont été ravagées par les flammes. Un camp de vacances et deux campings ont dû être évacués d'urgence. On retrouve notre envoyée spéciale à Bordeaux, Marie-Claire Dutreux. Marie-Claire ?

– Oui, eh bien, le préfet vient de tenir un point presse, juste à l'instant, et il apparaît effectivement, après les toutes premières heures d'enquête, que cet incendie est d'origine criminelle, comme vous le disiez. »

Impossible qu'il s'agisse de nous. Pas déjà. Je n'avais plus vraiment la notion du temps qui s'était écoulé depuis que Carell avait débouché ce bidon d'essence, mais ça ne pouvait absolument pas être nous…

« En effet, les pompiers ont pu rapidement déterminer la zone de départ du feu et ont découvert un amoncellement de papiers ainsi qu'un bidon d'essence qui ont certainement servi à allumer le feu. »

Oui, bon, et alors ? Ça paraissait normal d'allumer un feu avec du papier et un peu d'essence domestique. Ce n'était pas déterminant…

« D'autre part, plusieurs témoins, notamment des enfants du centre de loisirs proche de l'incendie, disent avoir vu passer une voiture quelques minutes avant le départ du feu, puis cette voiture est repassée en sens inverse avant que les premières fumées n'apparaissent. »

Je l'avais dit : les enfants. Qui, pour tromper l'ennui dans lequel on les abandonnait, finissaient toujours par vous surprendre dans vos pires moments.

« Un hélicoptère de la sécurité civile qui était à proximité de la zone et a détecté le départ du feu grâce à sa caméra thermique, a remarqué, lui aussi, une voiture dans le secteur. Elle était arrêtée au milieu de la route, à quelques kilomètres à peine de l'incendie. Dans les deux cas, les témoignages parlent d'une voiture rouge. »

Est-ce que je devais poser la question à Carell ? Est-ce que je devais lui demander si le Scénic était vraiment à sa mère ?

« Enfin, et c'est un élément qui sera sans doute décisif, les enquêteurs ont retrouvé sur la route, à deux kilomètres du feu, un téléphone portable détruit. Est-ce le téléphone du ou des pyromanes ? Pour l'heure, des analyses sont en cours… »

J'avais éteint la radio, m'étais calé dans mon siège comme si c'était la dernière fois que j'avais l'occasion de profiter d'un Bultex de qualité supérieure. Carell avait passé la première et on avait repris la route.

On a roulé pendant des heures sans rien se dire. Il mettait de la musique, je l'éteignais. Il me regardait en soupirant, je fermais les yeux ou j'allumais une clope et je me carrais dans mon coin. Il chantonnait, je faisais « Chut ! ». Il sifflotait entre ses dents, je disais : « Oh ! Je peux dormir ? » Quand j'ai décidé que j'avais assez fait la gueule, j'ai trouvé un dernier truc pour tenter de gripper un peu plus l'engrenage :

– Et pour faire de l'essence, tu comptes t'y prendre comment ?

– C'est pas un problème. Avec les stations automatiques, c'est fastoche. Y a plus personne pour surveiller. Enfin, bon, y a les caméras mais j'ai l'habitude : quand je sors de la voiture, je me décoiffe et je louche, comme ça, jamais ils peuvent me reconnaître.

Je l'ai regardé. Il m'a regardé. Il s'est rabattu les cheveux vers l'avant et il a louché. Mal. Même le pistolet d'une pompe à essence aurait pu l'identifier. J'ai failli rire, alors j'ai trouvé autre chose :

– Parce que t'as une carte bleue peut-être ?

– Mais pour qui tu me prends, enculé ?

– Oh ! ça va, hein ? Je te prends pour ce que t'es. Un pauvre type qui vient de me mettre dans une merde noire. Quoi ? J'ai dit un truc qu'il fallait pas ? C'était quoi ? Pauvre type ou merde noire ?

J'ai pris une tarte qui m'a un peu séché. J'aurais pu repartir de plus belle, mais j'ai respiré un bon coup et changé de sujet :

– Dis-moi, Carell, t'es né à Bordeaux ?

– Non, à Bacalan. C'est pas pareil[1]. Pourquoi ?

– Je me demandais : à part dire « enculé » tous les trois mots, tu n'as pas d'autres virgules sémantiques ?

– Je dis jamais « enculé », qu'est-ce tu racontes ?

– Si, Carell, tu dis « enculé ». Ça ne me dérange pas outre mesure, mais maintenant que nous avons franchi la frontière de la Gironde, si on veut rester discrets, il faudrait peut-être que tu trouves autre chose. Hier, par exemple, je t'ai entendu dire « Enmi ». C'est bien, « Enmi ».

1. Bacalan est un quartier de Bordeaux. Situé au nord de la ville, excentré, il fut pendant très longtemps un des hauts lieux de l'industrie portuaire et de l'immigration espagnole, portugaise, puis nord-africaine. Ses habitants ont toujours revendiqué leur identité bacalanaise.

– On dit pas « Enmi », on dit « Oh ami ! ».

– Tu vois, tu connais d'autres mots. C'est toujours moins vulgaire que « enculé », non ?

J'ai eu droit à la bouche ouverte et à la contraction abdominale, et j'ai senti qu'il plongeait dans une profonde introspection. Si bien qu'au bout d'un très long moment, il m'a demandé :

– Et « enqui », c'est comment ?

– Non, Carell, « enqui », c'est l'abréviation de « enculé ».

– N'importe quoi l'autre ! Ça veut dire « enquigueille ».

Là, je devais avouer que mes connaissances en bordeluche[1] atteignaient leurs limites. De manière générale, j'aimais la grossièreté, mais le folklore langagier de ma région natale m'avait toujours gonflé. J'assumais ce snobisme. J'avais été élevé par un dentiste.

– Y a « enfi » aussi, mais c'est pareil, ça veut dire « enfigueille », alors je sais pas trop si c'est bien ou pas. Comme « enti ». Non, t'en penses quoi ?

– Je ne sais pas, Carell. Je ne sais pas.

– Mais si. Écoute : Oh ! entiiiii ! C'est bien, non ? Ou alors : « Oh ! enfiiii ! »…

La question du vocabulaire à employer étant désormais traitée, j'avais beaucoup d'autres thèmes à aborder avec Carell. Mais quelque chose me poussait à ne pas

1. Le bordeluche est un langage dérivé du gascon, parlé dans la région bordelaise, quoique désormais passé de mode.

le faire. Alors qu'il continuait dans son coin à tester les différentes richesses de sa langue vernaculaire, pour me changer les idées, je me suis demandé s'il restait encore des cabines téléphoniques dans ce pays. Je voulais au moins appeler mes parents pour leur dire que je ne rentrerais pas à la maison ce soir-là. Ni, peut-être, les autres soirs. J'ai pensé à ma mère qui sourirait à l'autre bout de la ligne et qui me dirait : « Ce n'est pas grave, mon Vincent. Ne t'inquiète pas pour nous », en s'imaginant que si je ne rentrais pas, c'était parce que mon couple repartait.

– « Oh ! entchoubibe ! » Celui-là, je l'avais oublié…

Carell, lui, semblait heureux. Je me suis dit que son quotidien devait ressembler à ça.

km 416

– Tu veux pas couper le moteur ? J'ai besoin de dormir.

– Non. Je me suis fait chier à la démarrer, je vais pas prendre le…

Je suis descendu de la voiture, j'ai claqué la portière et marché tout droit, à travers le champ dans lequel on s'était garés vers minuit trente. La dernière pancarte que j'avais aperçue dans les phares, avant qu'on quitte la départementale pour se perdre dans la campagne, indiquait : MARCILLAC-VALLON, 17 KM. Pour ce que j'avais pu voir du paysage, c'était effectivement flanqué de collines. En contrebas, il y avait un ruisseau. J'ai voulu boire, mais je me suis rappelé que ce n'était plus possible depuis au moins vingt ans. Alors je me suis déshabillé et me suis assis dans l'eau. Glacée. Je me suis soulagé lentement et j'ai imaginé toutes ces parties de moi qui descendaient le cours d'eau, tranquillement, grignotées chaque mètre un peu plus par quelques truites qui finiraient demain dans l'assiette d'un pêcheur en aval. En sortant, je me suis allongé dans l'herbe. Il n'y avait pas de lune, mais un bon paquet d'étoiles, et vers l'est une lueur rosâtre provenant sans doute d'une ville des environs, et puis la DCA d'une boîte de nuit quelconque. On était loin de tout et proches en même temps. C'était la France : un pays taille S enfilé sur un corps qui soulevait de la fonte chaque matin depuis que les légions de César avaient voulu le faire plier. Quand j'étais enfant et que je regardais les étoiles, j'avais peur d'être aussi insignifiant et de vivre sur cette tête d'épingle perdue au milieu de toutes ces ténèbres. Aujourd'hui, il y avait du mieux : j'avais peur de tout.

Quand je suis remonté vers la voiture, le moteur tournait toujours. J'apercevais Carell penché au-dessus de son volant, éclairé par le plafonnier, comme une minuscule diapositive au milieu d'un grand écran noir. J'entendais quelques basses qui pulsaient derrière les vitres. J'aurais pu le planter là et filer à l'anglaise. Sans doute l'aurait-il vécu avec philosophie. Qu'étais-je donc dans son existence quand celle-ci consistait à braquer des voitures, voler des cartes de crédit et, de temps à autre, trouver un job pour… ?

Je me suis immobilisé. J'ai eu un réflexe de vieille : si ça se trouvait, ce type était en probation, avec un contrôle judiciaire au cul, et il cherchait des petits boulots juste pour qu'on le laisse exercer ses larcins. *« Oui, bon, et alors ? Ce type-là, Vincent, ce potentiel taulard, tu le suis depuis près de douze heures. Il a volé au moins deux voitures, il a mis le feu à une forêt, et dans pas longtemps vous serez tous les deux recherchés par toutes les polices de France. Alors, que décides-tu de faire ? Tu te lances avec lui sur la route et tu oublies que tu es la source prodigue de tous tes problèmes, ou bien tu tournes les talons pour aller t'assommer tout seul de questions et pleurnicher sur ton pauvre sort ?* »

En arrivant à la voiture, j'ai vu que Carell était en train de noter quelque chose dans un cahier. J'ai ouvert la portière et je me suis rassis à ma place en coupant l'autoradio. Il a levé les yeux de derrière ses lunettes demi-lune et m'a souri :

– Je fais mes comptes.

– Tu fais tes comptes. Ben voyons.

– Quoi ? C'est normal de faire ses comptes. Tu les fais jamais, toi ?

J'ai préféré ne pas répondre. Dès que j'entendais l'expression « faire ses comptes », mes glandes sudoripares se mettaient en action et mes mains s'emmoitaient. J'ai donc, comme à mon habitude, détourné le fil de la conversation en posant une question beaucoup plus importante :

– Quel âge as-tu, Carell ?

Impossible, depuis deux jours que nous nous connaissions, de lui donner un âge. J'hésitais sur une fourchette allant de trente-cinq à cinquante-cinq ans. Il avait des cheveux poivre et sel, rares sur l'avant du crâne alors que l'arrière semblait vouloir patienter encore un peu. Comme il était à la limite de l'obésité, son visage présentait assez peu de rides. Là, sous la lumière du plafonnier, avec ses lunettes de pharmacie, il aurait pu avoir dans les soixante ans, mais rien n'était moins sûr.

– D'après toi ?

– J'en sais rien, justement. C'est pour ça que je te demande.

Il allait répondre, quand un phare nous a soudain éclairés par l'arrière. Je me suis retourné, mais impossible de voir quoi que ce soit. C'était tout blanc.

– Qu'est-ce que c'est ?

Couvrant le bruit discret de notre moteur, on a alors entendu ronfler un gros diesel. Un coup de klaxon puissant a résonné. Carell a rangé son cahier de comptes dans la boîte à gants et il est sorti en me disant :

– Bouge pas !

La portière a claqué, je me suis à nouveau tourné vers la lunette arrière, la main en visière, ce qui ne m'aidait en rien. J'ai entendu quelqu'un parler fort par-dessus le bruit du moteur. J'ai entendu Carell répondre en criant plus fort encore. Et puis, tout d'un coup, le moteur s'est éteint. Les phares aussi. Carell est rentré en sueur dans la voiture et il a dit :

– On décarre.

– C'était qui ?

Il n'a pas répondu, il a passé la première et accéléré nerveusement. Il est d'abord allé tout droit alors que la grille d'entrée était derrière nous. Au bout d'une vingtaine de mètres, il a braqué à droite et la voiture a décrit un grand cercle pour reprendre la direction de la sortie. Quand j'ai pu distinguer le tracteur, presque invisible au cœur de la nuit, j'ai compris que Carell avait fait tout ce tour pour que je ne le voie pas.

– Qu'est-ce que t'as fait ?

J'avais déjà la main sur la poignée, quand il a actionné le verrouillage centralisé. La peur m'a saisi. Ça ressemblait à une suite logique que j'avais laissée se mettre en place, alors que cinq minutes avant j'aurais pu m'en extraire en quittant le champ sur la pointe des pieds. J'ai tiré le frein à main.

– Carell, qu'est-ce que t'as fait ?

Je hurlais. Il fermait les yeux chaque fois que ma voix claquait.

– Ouvre-moi cette portière ! T'entends ce que je te dis ? Ouvre-moi cette putain de portière !

Il a ouvert. Je me suis catapulté dehors et j'ai couru en direction du tracteur. Je ne respirais plus, j'avais une douleur dans la poitrine, froid aussi, terriblement froid. Alors que j'arrivais près de l'engin, j'ai entendu la BM faire une manœuvre. Le pinceau des phares est passé trop vite, mais j'ai eu le temps de distinguer la cabine, avec un homme assis dedans. Et puis les phares ont illuminé la forêt plus loin, le noir est revenu. Je me suis retourné vers Carell, parce que j'ai pensé, là, brusquement, qu'il allait se lancer dans un rodéo, à ma poursuite, jusqu'à ce que je glisse dans une bouse fraîche et que mon crâne éclate sur la calandre, comme celui du chat de Carbon-Blanc. Mais non. Il a fini sa manœuvre qui n'avait d'autre but que de positionner correctement ses phares dans la direction du tracteur. J'ai fait le tour de l'engin en appelant :

– Monsieur ! Oh ! Monsieur, vous m'entendez ?

Pas de réponse. Juste un appel de phares de la BM. Puis deux. Puis trois, quatre, cinq, jusqu'au coup de klaxon.

– On va pas y passer la nuit. Tu montes voir ou tu montes pas voir ?

Carell a rigolé et klaxonné une dernière fois. Dans la cabine du tracteur, il y avait un vieux, pas loin de quatre-vingts ans, un paysan dans son bleu de chauffe, ivre mort. Malgré les odeurs de gasoil, on sentait la gnôle qui refoulait de ses ronflements.

– Vraiment, t'as cru que je l'avais tué ? Moi ?

– Oui, bon, ça va. T'es pas sainte Thérèse de Lisieux, non plus.

– Hé ! Jamais tu touches à sainte Thérèse, t'entends ?

– Ah ? Et pourquoi ?

– C'est pas respectueux.

– Je corrige : t'es pas Gandhi. Ça te va ?

– Gandhi ? L'autre nègre qu'est en taule en Afrique du Sud ?

– Non, lui c'est Mandela. Et ça fait vingt-deux ans qu'il est sorti de prison.

– Quoi ? ! Il s'est échappé ?

Il m'a regardé, l'air vraiment renversé par la nouvelle. J'ai fermé les yeux et j'ai soupiré le plus discrètement possible. On a repris la route. Carell était vexé.

– Ouais, ben, je suis peut-être pas qui tu veux, mais j'suis pas un tueur. Tu me connais mal, mec !

– Sans blague…

km 732

On a zigzagué pendant trois jours, entre Aveyron et Cantal. Au petit bonheur, en respectant les limitations de vitesse en dents de scie qui jonchaient le bord de la chaussée. De 90, on passait soudain à 70 sans raison. Dans les agglomérations, les 30 et les 50 se disputaient l'espace des trottoirs. Les radars faisaient le coin du bois et parfois des clignotements de diodes vertes nous félicitaient pour la pondération de notre conduite. Que de la départementale, rarement de la nationale, jamais d'autoroute. On s'arrêtait en fin de journée à l'entrée d'un champ ou d'une forêt – quoique les forêts, j'avais encore du mal avec Carell à mes côtés. On avalait des sardines à l'huile et des gâteaux secs, je m'asseyais nu dans les rivières pendant qu'il faisait ses comptes. Quand on passait à la caisse des supermarchés, j'évitais de regarder quelle carte de crédit il sortait de son portefeuille, toujours étonné de constater qu'aussi neuneu qu'il fût, Carell se souvenait de tous les codes – et je refusais de me questionner sur la manière dont il les avait obtenus. Une fois revenu à la voiture, il brisait la carte en deux et la jetait à la poubelle.

– Tu ne préférerais pas qu'on fasse les courses une bonne fois pour toutes ?

Il me regardait avec son expression la plus bovine et je n'insistais pas. On se cherchait un champ et puis la journée était terminée. Le troisième soir, il m'a dit :

– Mec, faut que j'aille me refaire. Je t' laisse ici et j' prends la bagnole. C'est mieux, t'es d'accord ?

Je n'ai pas posé de question, je suis descendu de la BM quand il y est monté. J'avais acheté un roman de Gore Vidal dans une librairie à Millau. Je me suis calé entre les racines d'un orme et la voiture est partie. Deux heures plus tard, la nuit était tombée, je ne distinguais plus les mots du *Garçon près de la rivière* et Carell n'était toujours pas revenu. J'ai commencé à m'inquiéter. Il s'est encore passé une heure et j'ai tenté de me distraire en faisant des ricochets sur un petit étang en bas du pré. La lune était à demi pleine, je n'y voyais pas grand-chose, je comptais juste le choc des pierres plates contre la surface. Parfois, j'entendais le bruit du caillou rebondissant sur la rive d'en face, alors je levais les bras, victorieux. Puis je regardais vers l'entrée du champ pour voir si Carell n'était pas arrivé entre-temps. Plusieurs fois, je me suis demandé ce qui m'arrivait. Pourquoi étais-je aussi inquiet de son retour alors que, s'il ne revenait jamais, je pouvais tout à fait rentrer chez moi sans le moindre souci. J'ai cessé de m'interroger quand je me suis perçu comme une femme laissée là par son mâle parti chasser le gibier et cueillir des baies sauvages.

Il est rentré vers une heure et demie du matin. J'ai vu la voiture arriver jusqu'à moi en cahotant sur ses essieux. Quand j'ai pu la distinguer derrière les pleins phares, mon cœur est remonté dans ma gorge et je me suis mis à galoper comme un taré. Je venais d'entrer dans la forêt, hors d'haleine, quand j'ai entendu Carell crier :

– Mais où tu vas, pauvre con ?

Je me suis arrêté derrière un tronc d'arbre et j'ai regardé en direction de la voiture pour être bien certain qu'il était seul. Il était seul. Je n'entendais pas d'autre voix, je ne voyais que sa silhouette, alors je me suis dit que c'était impossible de continuer la route avec un type comme lui, ou bien qu'au contraire, autant de dinguerie pouvait se révéler salutaire. Je suis sorti du bois. Il s'était assis sur le capot de la voiture. C'était un break Peugeot sombre.

– Pourquoi tu t'marres ? Tu t'fous encore de ma gueule ?

– Carell, où t'as volé ça ?

– Dans un parking, à la sortie du village. J'te dis même pas comment je me suis fait chier : y avait pas un pet de lumière dans c't'endroit !

– Tu sais que ça ne va pas être possible, tu t'en rends compte, quand même, qu'on ne va pas pouvoir rouler là-dedans en plein jour !?

– Pourquoi, qu'est-ce qu'elle a ?

J'ai voulu l'attraper par la main, mais il a eu un geste de recul. Je l'ai saisi par le pan de sa chemise et j'ai tiré pour qu'il me suive. On a fait quelques pas et on s'est tournés vers la voiture. On la voyait mieux, de profil, entière dans le cadre.

– Regarde-la bien. Qu'est-ce que tu vois qui pourrait éventuellement poser un problème d'ordre majeur ?

Carell a plissé les yeux. Il voyait bien qu'il y avait quelque chose d'écrit sur toute la portière du véhicule, mais ça devait être très flou parce qu'il a sorti ses lunettes de sa poche. Puis il s'est penché en avant, il a ouvert la bouche, il a bloqué ses abdos avant de dire :

– Oh ! enfiiii ! C'que j'suis con !

GENDARMERIE, en lettres blanches. Le seul accessoire absent qui aurait pu expliquer la confusion, c'était le gyrophare. Sinon, à l'intérieur, il y avait la cibie, l'ordinateur de bord, etc.

– Merde, merde, merde ! Oh merde !

– Bon, t'as pas autre chose à dire, là ? Parce que maintenant, il va falloir en trouver une autre.

Carell est revenu deux heures plus tard au volant d'un 4×4 à plateforme. Il n'était pas content. Du coup, il n'a pas pris la peine de venir jusqu'à moi, il s'est contenté de se garer sous un arbre, à côté d'une baignoire rouillée qui servait d'abreuvoir pour les vaches. J'ai traversé le champ en sifflotant un truc de Bill Evans. Arrivé à la portière, je me suis immobilisé un instant, j'ai arrêté de siffler et j'ai marmonné entre mes dents :

– C'est pas vrai !

J'ai ouvert. Carell était en train de se lustrer les joues avec un rasoir électrique branché sur l'allume-cigare. Il ne m'a pas jeté un regard. Je me suis hissé sur le siège passager, j'ai considéré la cibie pendant quelques secondes avant de m'étirer.

– T'aimes la cibie, Carell ?

– La quoi ?

– Le truc, là, qui pendouille à la place de l'autoradio, avec un micro au bout. Ça te plaît ?

– Je sais même pas à quoi ça sert. Pourquoi tu m'demandes ?

– Tu voles une voiture de gendarmerie avec une cibie. Maintenant celle-là, avec une cibie. Je me dis que ça doit t'aveugler. Qu'en fait, t'es un radioamateur qui s'ignore. Si ça se trouve, ton père était routier et t'étais prévu pour prendre sa suite. Non ?

Il a froncé les sourcils comme pour me montrer qu'il faisait des progrès dans l'expression de ses sentiments confus.

– L'Office national des forêts, ça te dit quelque chose ? C'est marqué en gros sur la portière. Des deux côtés.

Carell a éteint son rasoir et il a regardé autour de lui comme si, de l'intérieur du véhicule, il pouvait se rendre compte de l'étendue de sa connerie. À la pendule de bord, il était 3:34. J'ai basculé le siège en arrière. Il a coupé le moteur. Je l'ai regardé. Il a maugréé :

– Je l'ai démarré aux fils, c'est bon. Je peux le refaire si je veux.

Je me suis tourné, j'ai appuyé ma tête contre la vitre et je me suis endormi en bavant sur mon épaule.

Le soleil était en train de se lever sur ce bout de campagne d'un vert presque indigeste. Garée à côté du 4×4, il y avait maintenant une Renault 16 bleu métallisé, finitions Gordini. On l'aurait dit tout juste sortie des chaînes de Sandouville. Carell a tendu le bras, vachement fier de lui, et il est resté comme ça, en m'offrant son sourire à chicots.

– Y a pas de cibie à bord, rien sur les portières. Mon père, il était pas routier, t'as vraiment dit n'importe quoi hier soir. Par contre, il avait la même. J'ai appris à conduire dessus, je la connais par cœur. J'suis hyper-content de l'avoir, tu peux pas savoir comment que j'suis ému.

C'est beau une R16. Ça fait film de Belmondo, années 70, guerre froide et champ des possibles. Celle-là avait été bichonnée. Elle sentait le produit d'entretien, les banquettes étaient en cuir, l'autoradio Grundig d'origine. On était là, comme deux gosses regardant un cadeau à peine déballé. J'ai eu un peu pitié du propriétaire, alors j'ai dit à Carell :

– Tu vois, Carell, cette voiture, quand on décidera de s'en séparer, il faudra qu'on lui trouve un endroit tranquille pour qu'il ne lui arrive rien. Et puis on mettra un petit mot sur le tableau de bord pour s'excuser du dérangement.

– Ah bon ?

– Ça représente une vie. Le type qui l'a achetée, il faut te dire qu'il a bossé dur pour l'avoir et que pendant trente ans, peut-être même quarante, il y a fait attention comme on peut faire attention à une femme. Alors, on ne doit pas faire n'importe quoi avec. T'es d'accord ?

Il a secoué la tête. Ce qui devait signifier qu'il était d'accord.

– Carell ?

– Ouais, mec ?

– Je voulais te dire quelque chose d'autre. De vraiment important. Je ne te demande pas de me répondre tout de suite, tu peux prendre le temps d'y réfléchir, mais…

– Arrête de me parler comme si j'avais deux ans, bordel !

– Excuse-moi.

– Je le répéterai pas.

– Tu m'écoutes ?

– Vas-y.

– Bon, alors voilà. Tu voles des voitures comme tu respires, tu mets le feu à des forêts…

– C'était ma première, je pouvais pas savoir !

– Le bois sec brûle, Carell. Tout le monde sait ça depuis l'*Homo erectus*. Arrête de me couper la parole.

Il s'est tu et m'a piqué une cigarette. J'ai enchaîné en tentant de ne pas reprendre ma voix d'institutrice :

– À partir de maintenant, on va faire que des choses bien, O.K. ?

– Hein ? ! C'est quoi que t'appelles *des choses bien* ? Tu veux dire, des trucs genre on tient la porte aux vieilles qui disent jamais merci et qui te regardent comme si t'allais les violer ? Déjà, les vieilles, faut qu'elles se calment. T'as vu comment elles sont gaulées ? T'irais en violer une, toi ? N'importe quoi ! En fait, c'est juste parce qu'elles ont envie de se faire secouer, ouais. Enfin, bon, c'est ça que t'appelles des trucs bien ? Faut pas déconner, mec. On va pas rester dans c't'endroit juste pour faire des trucs qui vont nous envoyer au paradis. J'ai beau prier Dieu tous les jours, avec toutes les conneries que j'ai faites dans ma vie, j'aurai à peine droit aux chiottes de l'enfer.

– Carell, je ne te parle pas de ça. Je ne sais pas, moi, des trucs bien, on peut en faire n'importe quand et n'importe où. Suffit de vouloir.

– Mais c'est quoi, un truc bien ? Donne-moi un exemple, au moins ! À part les vieilles.

Je ne pensais pas qu'un jour je rencontrerais un type pour qui la notion de bien était à ce point absconse. J'ai pris la première chose que j'avais sous les yeux :

– Tiens, cette voiture qu'on va poser dans un endroit en sécurité quand on passera à une autre : c'est ce que j'appelle faire un truc bien. La voiture suivante, pareil : on fera attention qu'elle ne soit pas à une mère célibataire avec trois enfants. Alors que si elle appartient à une ordure, c'est moins grave. Tu comprends ?

J'improvisais complètement mais c'était l'idée du moment pour endiguer la propension de mon collègue à nous mettre dans le pétrin. Il n'a pas posé de question sur la faisabilité de l'affaire. Il a hoché la tête :

– Remarque, c'est pas con ton truc. Parce qu'avec tous les connards qui vivent sur cette planète, on risque pas de manquer.

– Voilà, tu as compris. Pour les cartes bleues, pour le fric, pour tout ce dont on va avoir besoin à partir de maintenant, on va faire ça avec éthique.

– … quette !

– Hein ?

– C'est éti-quette que tu veux dire ?

– … Non, éthique, Carell. Ça veut dire en respectant certaines règles morales. Tu comprends ?

Il a juste levé un sourcil et il a plongé sous le tableau de bord pour assembler les câbles. La R16 a ronflé. Je pouvais être fier de moi : je venais de me positionner tout à fait clairement, j'avais exprimé un désir limpide, des règles nettes et je me sentais en pleine possession de mes moyens.

Au bout d'une heure de balade, on s'est arrêtés sur le parking d'un routier. À la frontière de la Creuse.

On s'est mis en terrasse et une serveuse platine d'au moins soixante-dix-sept ans est arrivée avec un sourire à prothèses mal enchâssées dont les résines auraient eu besoin d'une bonne polychromie. Elle portait une jupe extrêmement courte sur des jambes variqueuses mais à la musculature impeccable, et un T-shirt à bretelles sur une poitrine en silicone de mauvaise facture. Au bord d'un de ses tétons, un badge prétendait qu'elle s'appelait Mindy. À sa taille de guêpe pendait une vieille banane aux couleurs d'une marque de *pils* allemande. Outre ces détails somme toute triviaux, Mindy avait un timbre de voix rappelant le chant des oies sauvages au moment de la migration.

– Bonjour messieurs. Qu'est-ce que je vous sers ? On a une formule petit déjeuner avec café, thé ou chocolat, tartine ou croissant, miel ou confiture. Et le chocolat chaud est très bon, c'est du cent pour cent naturel avec du vrai lait, pas un de ces trucs où on met de l'eau et hop ! on a un chocolat. Non. Même que c'est moi qui le fais.

Le chocolat chaud était infect, tiède, lyophilisé et principalement coupé à l'eau du robinet. Je n'ai pas commenté. Pendant qu'on mangeait, la serveuse nous a fait la conversation en prenant des poses plastiques contre le montant de la porte vitrée, version rouillée de lap-danceuse. Ça avait l'air de plaire à Carell. Mindy ne souriait d'ailleurs plus que pour lui. Lui aussi souriait, et chaque fois que ça lui venait, il masquait sa dentition crevassée derrière sa main. S'ils avaient fait des petits, il aurait fallu les noyer sans la moindre hésitation. Ils étaient mignons tous les deux. J'espérais que Carell ne réagirait pas trop mal quand elle annoncerait le tarif. Je me disais que ce genre de vieux tapin attendait peut-être le tout dernier moment pour parler argent. Ils ont disparu à l'arrière du restaurant sans que Carell me dise un mot.

L'endroit était désormais désert, comme si Mindy avait été toute seule à tenir ce commerce. J'entendais, quelque part en provenance de l'arrière de l'établissement, des coups de marteau heurtant une plaque métallique, seule caution humaine des environs. Pas un camion, malgré l'appellation du lieu. Des mouches par milliers et cette ligne droite et noire qui ouvrait le paysage en deux. Ce n'était pas le Nevada non plus, j'aurais exagéré en prétendant ça. Mais j'aurais pu vivre dans un endroit pareil. Seul. J'ai entendu couiner quelque chose dans le fond du restaurant et puis un chien est apparu. Ça avait dû être un chien de race au début de sa carrière. Aujourd'hui, il tombait en ruine. Tout ce qui normalement marchait par paire chez un mammifère avait, chez lui, été amputé de sa moitié : il n'avait qu'une oreille, qu'un œil, et il lui manquait deux pattes. Donc il longeait les murs sur lesquels il prenait appui. À mi-hauteur, le muret encadrant la terrasse était maculé d'une longue trace de sébum. Sans doute susceptible, le chien n'a pas apprécié mon regard et a montré les crocs en grognant : il lui manquait une incisive et une canine.

– Whoua'r'entchoubibe ! C'était d'enfer ! T'aurais vu comment que je l'ai fait gueuler, oh enfi ! J'ai été obligé de lui fermer sa bouche pour pas réveiller tout le pâté de maisons. T'as rien entendu ?

– Regarde la route et arrête de te masser le slip, Carell. C'est embarrassant.

On avait repris la départementale moins de deux minutes après que Carell était revenu de son quatre cents mètres haies. Le chien avait eu peur et s'était sauvé à deux à l'heure, en aboyant à moitié. La retraitée du sexe n'avait pas reparu. Carell avait jeté un billet de vingt sur la table et on était remontés dans la R16. Une fois les pneus posés sur le goudron, il avait commencé à éructer à propos de ses performances :

– Quoi ? J'ai dit un gros mot ?

– Mais non…

– C'est parce que je l'ai… ? Attends, mec ! Une fille qui me chauffe, tu vas quand même pas me dire que c'est pas éthique de la secouer…

À ce moment-là une moto nous a doublés et le rétro de la R16 a explosé. Carell a fait un écart en disant : « Non mais il est con çuila ou quoi ? » La moto a freiné brusquement devant nous. La R16 a dévié pour l'éviter, puis l'a dépassée d'un coup de volant. Le type nous a remontés sur sa grosse Kawa vert sauterelle. Il portait un jean et un T-shirt sans manches, le genre très confiant qui n'a pas peur de se ruiner les coudes en glissant sur une plaque d'huile. On ne voyait pas son visage, caché par le verre fumé de sa visière. Il s'est mis à notre hauteur et nous a fait signe de nous garer. Carell lui a fait un doigt. Le type a filé une demi-douzaine de coups de pied dans la portière avant que Carell ne freine pour qu'il nous repasse devant.

– C'est quoi c'connard ? !

On a commencé à rouler au ralenti, avec la Kawa qui slalomait pour nous empêcher de doubler. Le motard se retournait de temps en temps et nous faisait signe de nous garer. J'étais pétrifié, je regardais Carell, je regardais le motard, je regardais Carell :

– Tu le connais ?

– Hein ? Comment tu veux que je connaisse ce type ?

– J'en sais rien moi. C'est peut-être le mec de la prostituée.

– De quoi tu parles ? Quelle prostituée ?

J'ai senti un grand frisson me parcourir. J'ai revu la serveuse avec son dentier et ses prothèses mammaires. Carell devait faire la même taille qu'elle, mais lui rendait bien soixante kilos. À quel moment avait-elle réclamé son dû ? En avait-elle seulement eu le temps ?

– Carell, qu'est-ce que t'as fait à cette femme ?

– Mais je l'ai baisée.

– Et ensuite ?

– Ensuite quoi ? J'vais quand même pas te faire une liste, merde !

Il était gêné, ça se voyait nettement, atrocement. Le temps qu'il se décide à parler, j'ai imaginé le pire. Et puis, j'ai repensé au vieux dans le tracteur, juste pour me rassurer un peu. Le motard ne se fatiguait pas. Carell a tenté de passer en force, mais le gars savait y faire. On est restés derrière lui, Carell a soupiré :

– Ben, en fait... j'étais en train de lui faire des trucs dans son sexe avec le mien, et elle avait posé sa banane sur le lavabo. Et je me disais qu'elle devait avoir un paquet de pognon là-dedans. Alors j'ai plus pensé qu'à nous deux – enfin toi et moi, je veux dire. Pendant qu'elle était en train de beugler comme un gros veau, je lui ai juste filé une trempe et j'ai ouvert sa banane. Je me suis pas planté, mec…

Il a soulevé ses grosses fesses pour farfouiller dans la poche arrière de son short et il a sorti une poignée de billets froissés. Plus quelques pièces qui lui ont échappé. Le nœud dans mon estomac s'est brusquement resserré. J'ai vu la vieille morte, le visage en sang, le corps affalé sur le carrelage sale et la tête dans le bol avec ses cheveux platine qui dégoulinaient dans l'eau croupie.

– Merde, Carell ! Qu'est-ce que je t'ai dit hier soir à propos de l'éthique ? !

– Ben justement : quand j'ai vu tout ce fric, je me suis dit qu'avec la fiole qu'elle avait, elle devait sûrement faire des trucs pas nets pour le gagner. C'est éthique ça, non ?

J'aurais pu passer vingt ans à lui expliquer ce que pouvait être une action moyennement honnête, ça n'aurait pas porté ses fruits. De toute façon, le motard a décidé de couper court à toute tergiversation. Il a brusquement repris un peu de vitesse avant de s'arrêter au milieu de la chaussée, une trentaine de mètres plus loin. Carell a pilé. Le type est descendu de son engin sans retirer son casque et a sorti un truc de sa ceinture qui s'est déployé d'un simple coup de poignet. Une matraque télescopique. Carell l'a vue en même temps que moi. Il a dégrafé sa ceinture en disant : « Oh ! enqui ! » Et il est sorti de la voiture.

Il a fondu sur le motard comme un fauve. Le type a hésité trois secondes avant de tenter de faire demi-tour en jetant sa matraque. J'ai vu Carell faire un écart pour s'en emparer. Le motard s'est affalé sur la chaussée et Carell l'a bourré de coups de matraque jusqu'à ce qu'il arrête de bouger, le casque en partie éclaté. Puis Carell est revenu vers la voiture, le visage serré autour de son nez comme s'il avait une crampe des narines. La R16 a penché sur la gauche quand il s'est laissé tomber sur son siège. Il a passé la première, a contourné le corps du motard et on a accéléré.

– Voilà ! Ça, c'est un truc éthique ! Je me trompe ?

Je n'ai pas répondu. J'ai fait comme pour l'incendie, j'ai attendu le premier virage pour regarder par la lunette arrière et ne pas voir grand-chose.

La Kawa verte, avec un autre pilote, nous a rattrapés deux jours plus tard à Montélimar. Entre-temps, on a été suivis par différents véhicules.

km 825

– Combien de personnes as-tu tuées depuis ta naissance ?

Carell n'a pas répondu. J'ai persévéré dans le drame :

– Non, parce que, autant que je le sache tout de suite. Au moins, le jour où tu auras décidé de me défoncer le portrait, je ne pourrai pas dire que j'étais pas prévenu.

– Toi, je te toucherai jamais. Jamais, t'entends ?

– Tu m'as giflé.

– Meuh non ! J't'ai à peine collé une beigne de fiotte. Je peux taper vachement plus fort.

– Comme avec la pute ? La pute aussi, tu l'as tuée ?

– Mais de quelle pute tu parles ?

– La vieille du restau routier, Mindy ! Oh ! comment vous appelez ça à Bacalan ? Parce qu'à Bordeaux et un peu partout en France, on dit : une pute. Excuse-moi si je te crève le cœur, mais Mindy, elle en voulait à ton fric, pas à ton physique d'haltérophile à la retraite. Elle aurait pu être ta grand-mère, Carell, ça t'a pas fait bizarre ?

Il m'a regardé avec des yeux d'oursin. Il pensait réellement qu'il avait eu une touche. Qu'elle voulait juste qu'il l'honore, qu'elle ne devait plus prendre beaucoup de plaisir à son âge et qu'elle s'était donnée à fond.

– Je l'ai pas tuée, elle respirait encore quand j'suis sorti. Et puis elle en voulait peut-être à mon fric, mais j'ai été plus rapide qu'elle. Alors mollarde pas dans la soupe parce que, grâce à moi, ce soir on dort à l'hôtel.

– Ça ne te vient pas à l'idée que le fric en question, elle l'a gagné à la sueur de sa culotte, et que vu son âge et ce qu'elle gagne en pourboires, elle avait toutes ses économies dans cette banane ?

Il a cessé de me regarder. Il a fait une tête que je ne lui avais encore jamais vue. Un truc bizarre avec la bouche qui s'ouvre et qui se ferme, les yeux qui roulent dans les orbites et le front qui sue abondamment. Je crois qu'il ressentait un peu de honte.

– Toi, j't'ai frappé parce que quand tu pars en vrille, on dirait une gonzesse. T'es hystéro. Voilà, c'est ça le mot : t'es hystéro !

– Tu ne sais même pas ce que ça veut dire hystéro, Carell. De quoi est-ce que tu parles ?

– C'est à cause de mon père. Il disait ça à ma mère, quand ils se gueulaient dessus. Ça la rendait dingue, t'as pas idée.

– Ta vie de cloporte ne m'intéresse pas. À la prochaine intersection, tu me laisses sur le côté de la route. Je rentre chez moi.

Il n'a plus rien dit pendant un long moment. Il regardait par intermittence dans le rétroviseur. Je sentais qu'il voulait dire quelque chose mais qu'il se retenait. De temps à autre, je le voyais qui me zyeutait comme pour prendre la température. Or, la température, je n'avais aucune envie de la faire remonter. Je ne sais pas si je serais descendu au prochain arrêt, je n'ai pas eu le temps d'y penser avec autant de détermination. Ça me faisait sans doute plus flipper que de continuer cette route avec lui. On a passé treize intersections.

– On est suivis.

– Ouais, c'est ça.

– On est suivis, j'te dis.

Je me suis tourné vers la lunette arrière.

– Te retourne pas, conno !

– Tu regardes trop la télé, Carell.

Derrière nous, il y avait une longue ligne droite bordée de platanes. À une centaine de mètres, une berline blanche dont je n'arrivais pas à identifier le modèle. Peut-être une Rover.

– Comment tu peux être sûr qu'on nous suit ?

– Ça fait un quart d'heure qu'il est là.

J'ai soupiré d'ennui, mais je devais quand même avouer que cette balade était un vrai délice. C'est le point le plus positif quand on partage un espace réduit avec un crétin : on se sent tellement supérieur ! J'ai pointé mon doigt en direction du pare-brise.

– Tu vois la voiture devant nous, là-bas ? Est-ce que tu penses que les gens dedans se disent qu'on les suit ?

– Non.

– Et pourquoi ?

– Ben, parce qu'on est sur une route, tiens !

– Tout à fait perspicace. C'est exactement la même chose pour la voiture qui est derrière nous.

Pour faire bonne figure, j'ai rajouté :

– Pauvre tanche !

– Me parle pas comme ça !

– Et pourquoi je te parlerais autrement ? J'ai mis vingt-cinq ans à construire ma vie et, en à peine cinq jours, t'as fait comme avec celle de la vieille Mindy : t'as tout explosé. Non, t'as raison, t'es pas une tanche. T'es mieux que ça : t'es du suprême de tanche.

Ce genre de mauvaise foi à lui déverser dessus avec une allégresse démesurée, j'en avais encore des palettes entières.

– Fils de pute !

Carell s'est marré.

– T'entends ce que je viens de dire ? J'ai dit fils de pute. Tu sais ce que ça veut dire, fils de pute ?

– Évidemment.

– Non, je ne crois pas. Je ne crois pas, parce que tu vois, toi, tu es un fils de pute spécial. Ce n'est pas ta mère que j'insulte là. C'est ton père ! Tu te rappelles, le vieux débris qui conduisait une Renault 16 comme celle-là et qui traitait ta mère d'hystéro ? C'était lui la pute de la famille.

Du rire, Carell est passé à son fameux barrissement. Ça m'a inspiré pour trouver une suite à son histoire :

– Tu sais pourquoi ? Je vais te le dire : ta mère, elle était tellement moche que ton père, il en est devenu impuissant. Plus rien, même pas capable d'un quart de molle. Pas étonnant, quand on voit ta fiole, on voit ta mère. Ta mère, être moche ne lui posait aucun problème. Tout ce qu'elle voulait, c'était un gosse. Et de préférence aussi moche qu'elle. Parce que les filles n'en voudraient jamais et qu'elle pourrait le garder toute sa vie rien que pour elle. Alors que ton père, un jour ou l'autre, il allait crever. Qu'est-ce que tu crois qu'il a fait, ton père ? Lui aussi il était moche et ta mère, c'était la seule femme qu'il pouvait espérer dans sa vie. Comme il en avait autant que toi dans le citron, ça lui a pris des plombes avant de trouver une solution pour que sa femme tombe enceinte malgré son handicap. Et finalement, au bout d'un demi-siècle, il a trouvé. Ce qu'il a fait, c'est qu'il a commencé à traîner sa laideur dans les bars homosexuels. Ah ! t'es surpris là, hein ? Eh ouais, mon gars : ton père, il avait des tendances. Mais rassure-toi : il faisait pas ça par goût, non. Il palliait son impuissance. Comment ? Je reconnais que c'est un peu dégueulasse, mais tu dois savoir : il allait dans les toilettes, comme t'as fait avec la serveuse, sauf que c'était lui qui se donnait à fond. Pour dix francs, il faisait des pipes aux mecs et il recrachait discrètement dans un petit pot de confiture Bonne Maman. Et le soir en rentrant, avec une seringue, il allait injecter tout ça dans le con de ta mère. Voilà de quoi t'es né, mon pauvre Carell : d'un précipité de zouine et de salive. Fils de pute !

– T'as raison.

– Bien entendu que j'ai raison, t'as vu ta tronche ?

– La voiture, elle vient de tourner.

J'ai regardé derrière. La berline blanche avait disparu. Je me suis calé la tête dans le creux de la ceinture de sécurité et je me suis endormi d'un coup.

km 1003

– Qu'est-ce que tu trafiques, Carell ! Tu veux pas arrêter de bouger ? Je dormais, là !

– Y a quelqu'un dehors.

J'ai eu immédiatement peur, parce que j'ai immédiatement su que c'était vrai. Que c'était normal. Comme pour la berline derrière nous cet après-midi-là. J'avais fait mon cador, mais au fond, je savais très bien que Carell avait raison.

On s'était arrêtés vers vingt heures dans un motel ceinturé par une autoroute et une nationale, du côté de Brioude. On avait pris une chambre pour deux mais j'avais cru bon de préciser : « Avec deux lits séparés », parce que la taulière regardait Carell en se disant que quelque chose ne collait pas. Les pédés, elle voulait bien, vu que, comme on l'avait dit aux infos, ils étaient pour la plupart d'un niveau social plus élevé que la moyenne. Mais les pédés désassortis comme nous deux, c'était trop en dehors de ses clous. Les deux lits séparés, ça avait eu l'air de la satisfaire. La chambre était presque clean, sentait presque bon l'écorce de citron vert, ce qui masquait presque l'odeur de moisi. Elle avait été bâtie autour des deux lits jumeaux, aucun doute là-dessus – c'est même sûrement à regret que l'architecte avait rajouté une salle de bains et un placard parce que c'était réglementaire, ne serait-ce que pour obtenir une étoile. La seule fenêtre donnait sur le parking. Régulièrement, malgré les rideaux, on se faisait arroser par les phares des voitures qui venaient se garer. J'avais demandé à Carell de guetter la place devant notre chambre pour que, dès qu'elle se libérerait, il y gare la R16. Quand je me suis endormi, vers vingt-deux heures, il guettait toujours.

– Tu le vois ?

Je le voyais très bien, de l'autre côté de l'allée, dans une voiture noire, une Renault trois portes, genre Clio. Non seulement le chauffeur allumait une cigarette juste à ce moment-là, mais en plus il le faisait sans se cacher. J'ai pu voir son visage : il me regardait. J'ai refermé le rideau, je me suis assis sur le lit, j'ai allumé une cigarette moi aussi, en me demandant comment on allait sortir de là.

– Non, merde, fume pas, c'est interdit. Va falloir que j'paye une amende.

J'ai regardé Carell. Fixé au plafond, au-dessus de sa tête, il y avait un petit détecteur de fumée avec une diode verte qui clignotait. Ça lui faisait comme une auréole carrée. Je me suis levé, j'ai brandi ma cigarette sous l'appareil et j'ai attendu. J'avais vu faire ça dans au moins quatre films.

– Qu'est-ce tu fous ? Tu vas faire gueuler l'alarme.

Il a tenté de m'en empêcher, alors j'ai menacé de lui envoyer mon pied en plein visage. Je ne savais pas ce qu'on allait faire après, mais, à la télé, on appelait ça créer une diversion.

– Prépare les sacs, on se…

La fin de ma phrase a été avalée par un sifflement à faire s'échouer un banc de baleines à l'autre bout de l'Atlantique Nord. Carell s'est plaqué les mains sur les oreilles, moi de même. Moins de trois minutes plus tard, le veilleur de nuit entrait dans notre chambre sans frapper et en gueulant :

– On vous a dit de pas fumer !

Je l'ai insulté. Il a éteint l'alarme et s'est tourné vers moi. Il était costaud, avec un sens tout personnel du service hôtelier :

– T'as dit quoi, toi ?

Le type a fait un pas vers moi, avant de se retrouver le cou coincé entre les mains de Carell.

– Holà, Sultan ! Tout doux !

Je ne m'adressais pas forcément à mon compagnon de route, mais il a desserré l'étreinte. Le veilleur s'est mis à tousser.

– Bon, je suppose que dans ces conditions, on est exclus de l'hôtel ?

– Quoi ? Avec le prix qu'on a payé ?

Une partie de l'argent de Mindy était resté sur le comptoir au moment d'enregistrer nos deux noms. Du cash contre l'anonymat d'un M. Claude et d'un M. Daubert, les deux invertis de la 24. Le veilleur de nuit m'a regardé d'un air bizarre. Il ne comprenait pas où je voulais en venir, et à vrai dire moi non plus.

– Allez, on vous suit au desk pour payer l'amende.

Carell a tenté de protester, je lui ai dit de se taire, de me suivre et de laisser la porte ouverte en sortant, avec la lumière. En passant, j'ai jeté un coup d'œil vers la voiture suiveuse. À l'intérieur, on voyait rougeoyer le bout de la cigarette, comme dans les polars. À la réception, on a laissé le reste du liquide, et le veilleur de nuit a soigneusement lissé les billets avant de les empocher. On est sortis sur le parking.

À cet endroit, le bâtiment faisait un angle et le type assis dans sa voiture ne pouvait pas nous voir. Carell a fait un pas pour retourner à la chambre.

– Non. Toi, tu nous trouves une voiture pour qu'on sorte d'ici.

– Pas question, je vais chercher la R16. En plus, t'as dit qu'il fallait la laisser dans un endroit sûr. Donne les sacs…

– Mais pauvre pomme, ta R16, elle est garée juste derrière la voiture du type qu'on cherche à fuir. Suis un peu !

Pendant le quart d'heure où il s'est absenté, je me suis demandé avec quel genre d'engin il allait revenir. On avait peu de temps devant nous avant que notre suiveur ne se doute d'un truc en ne nous voyant pas revenir. Au bout d'un quart d'heure, j'ai entendu un petit coup de klaxon au loin. Penché comme à son habitude à la vitre d'une petite Clio, Carell me faisait signe depuis le portail de l'entrée. J'ai traversé le parking en courant, plié en deux pour me dissimuler derrière les voitures garées. On est partis en faisant patiner la courroie :

– Merde ! Carell, on va se faire repérer.

– T'inquiète, je sais ce que je fais.

Bien sûr que je m'inquiétais. Je l'avais vu agir avec le veilleur de nuit. À peine s'était-il approché de moi que Carell lui avait sauté à la gorge. Ce type était devenu mon chien de garde.

– Bien sûr que je m'inquiète. J'ai un cerveau, moi…

Il a juste eu à lever la main. Je me suis recroquevillé contre la portière. J'allais devoir acheter une muselière. Il a reposé sa main sur le volant, on s'est éloignés de l'hôtel et il a dit :

– Quand Carell dit de pas s'inquiéter, faut pas s'inquiéter ! C'est clair ? On est dans sa voiture.

– La voiture de qui ?

– Mais de l'autre, là. Celui qui nous suivait.

– Me dis rien, je m'en fous, je veux pas savoir. J'en ai marre de toute cette violence. J'en peux plus, Carell…

Ce qui était à moitié vrai, comme quand on regarde un film d'Eli Roth et qu'on se plaque la main devant les yeux en laissant un trou entre ses doigts.

– Y a des papiers dans le coffre.

– Des papiers ? Quels papiers ?

– J'en sais rien. Je les ai vus en mettant nos sacs. J'ai pas eu le temps de bien regarder, mais ç'avait l'air zarbi.

– Zarbi ? On parle verlan à Bacalan ? Faudrait savoir.

On s'est arrêtés dans un petit chemin forestier. Le coffre était plein de prospectus en vrac, si bien qu'on a d'abord cru qu'il s'agissait d'un collègue. J'ai attrapé un de ces tracts, je suis remonté dans la Clio et j'ai allumé le plafonnier pour regarder. Ça s'appelait *Nibiru*, c'était le titre du document et ça sautait plutôt aux yeux. En bas, il y avait la photo d'un groupe de gens, les bras levés vers le ciel, entourant un dolmen au centre d'une clairière. L'impression était de mauvaise qualité, le tramage gommait les détails et il fallait tendre les bras pour entrevoir le sujet. Entre la photo et le titre, tout un argumentaire prévoyait la fin du monde, selon le calendrier maya, pour le 21 décembre 2012. À cette date, la Terre entrerait en collision avec une planète mystérieuse, soigneusement planquée dans notre système solaire et qui surgirait sans prévenir : Nibiru. Il fallait se résigner à cette apocalypse et la laisser venir à nous comme un don de Dieu puisque l'homme serait ainsi libéré de son fardeau charnel et que son âme pourrait enfin rejoindre le paradis. Ou l'enfer. Mais, les Nibiriens le promettaient, il existait un moyen d'échapper à la catastrophe. Une journée portes ouvertes était proposée au hameau de la communauté de Nibiru, le 21 août, à Saint-Martial-le-Mont, dans la Creuse.

– Carell, c'est quoi le numéro du département de cette voiture ?

– Euh… Je sais plus, moi, avec leurs nouvelles plaques à la c…

– O.K. Laisse tomber.

Je suis descendu de la Clio et j'ai regardé moi-même. 87 ?

– La Haute-Vienne. Chef-lieu Limoges, très connu pour sa porcelaine. Moins pour l'exceptionnel travail des vitraux de sa gare réalisé par Francis Chigot. Ben quoi ? C'est pas des conneries c'que j'raconte. On le connaît bien, Chigot, dans la famille. C'était mon grand-oncle.

– Et c'est où la Haute-Vienne par rapport à la Creuse ?

– Attends, ça va, ouais ? Tu veux pas le code postal de ma tante, tant qu'on y est ?

Si je me souvenais bien de notre périple, nous avions contourné Limoges avant d'arriver dans ce routier en bordure de la Creuse. Donc la Haute-Vienne devait se trouver à côté de la Creuse.

– Et on est où, là ?

– Mais arrête de me poser des questions à la con, qu'est-ce que tu veux que j'en sache ?

– Tu es en train de faire quoi, au juste ?

Il avait vidé la totalité des prospectus dans le fossé avoisinant. Le capot du réservoir était ouvert et il était en train de fouiller dans le coffre.

– Tu cherches un tuyau ?

Carell s'est redressé, bouche ouverte, abdos crispés :

– Comment t'as su ?

– Carell, d'après toi, pourquoi on n'écoute plus la radio depuis cinq jours ?

– Pour pas entendre où ils en sont de l'enquête, c'est toi qui veux pas savoir.

– Bon. Et tu crois pas que si on allume un autre incendie à quelques centaines de kilomètres du premier, avec le même procédé, l'enquête ne va pas immensément progresser ?

– Ah, ouais…

Le jour serait levé d'ici une heure. L'horizon commençait déjà à rosir. Avec la fatigue accumulée, je sentais revenir l'angoisse, la colère, le manque, la frustration. J'en voulais à Marie de m'avoir viré de chez nous, ça au moins c'était simple. Mais j'en voulais aussi à ma mère et à mon père pour toutes les bonnes choses qu'ils avaient faites pour moi, alors qu'au bout du compte je n'en valais pas le coup. J'en voulais à Carell, sans doute de m'avoir sauvé des eaux, ça aussi, ça coulait de source. Mais, plus bizarrement, j'en voulais aussi à ma fille, peut-être d'avoir été conçue par un type qui n'avait jamais su ce qu'il voulait.

Oui, j'avais imposé qu'on n'allume plus l'autoradio. C'était comme de devoir ouvrir chaque mois l'enveloppe de la banque. Je n'avais jamais voulu connaître l'ampleur de mes catastrophes. Elles se déroulaient en sous-sol, comme des essais nucléaires honteux. Encore moins celles vers lesquelles courait mon couple, à l'époque où déjà je glissais lentement mais sûrement dans la dépression et que je ne faisais plus rien de mes dix doigts à part les ronger en regardant mon piano.

Mon piano. C'était la première chose que j'avais abandonnée. La première d'une longue série.

Je carburais au fond de mon trou depuis un petit moment déjà et je n'arrivais pas à trouver de porte de sortie. Alors j'ai tenté de réveiller Carell qui dormait, à moitié effondré sur mon épaule :

– Tu ne m'as pas dit ton âge.

Dans un demi-sommeil, en me soufflant son haleine fétide dans le creux de l'oreille, il a murmuré, entre deux eaux :

– Quarante-sept ans…

En colonie de vacances, on y jouait souvent : faire parler les dormeurs. Je n'ai jamais su si c'était bidon ou pas. Des copains prétendaient m'avoir fait dire des trucs incroyables alors qu'à douze ans je n'avais encore rien vécu. Je me plaisais à croire que l'enfance avait été la meilleure période de ma vie. J'ai repris l'expérience avec Carell :

– Tu as déjà tué quelqu'un ?

– … non…

– Tu as déjà violé quelqu'un ?

– Ouais, ta mère ! Pourquoi tu m'emmerdes ? Je dors !

Il s'est collé contre sa portière et a croisé les bras en soupirant.

– Tu as déjà braqué une banque, cambriolé une maison, attaqué des gens dans la rue pour leur voler leur fric ? Hé ! Carell ? Réponds-moi, j'ai besoin de savoir.

– Une banque, non. Cambriolé, oui, un paquet de fois même. Les gens dans la rue ?

Il a hésité, s'est redressé en soupirant, a tendu la main vers mon paquet de cigarettes. Il n'allait pas répondre, j'ai attrapé le paquet avant lui. Qu'est-ce qui me prenait de jouer à la gamine ? Qu'est-ce que c'était ce rapport que j'avais installé entre nous ? Un truc un peu bâtard, entre une relation de frangins, de couple, de père et fils, avec inversion des rôles selon les circonstances.

– Passe-moi une clope !

– Réponds d'abord.

Est-ce que, d'une manière ou d'une autre, je voulais me rapprocher de Carell ? Le simple fait d'y penser m'a instantanément freiné. Je lui ai jeté le paquet sur les genoux et suis sorti prendre l'air dans le petit matin pâle.

Carell est venu me rejoindre quelques minutes plus tard, sur le talus que j'avais escaladé. On dominait toute une vallée, sans savoir laquelle. Des prés à perte de vue, séparés par de petits chemins de ruissellement couverts d'arbres. J'en aurais pleuré. Alors, j'ai pleuré. Sans retenue, là, en regardant la brume matinale se lever au-dessus des champs et s'éparpiller par filaments dans l'air ambiant. J'ai repensé à ma boîte d'anxiolytiques abandonnée sur la table de chevet, chez mes parents. Carell fumait à côté de moi. Il recrachait la fumée par le nez en faisant du bruit. Mon père respirait de la même manière et je ne supportais pas ce bruit. Venant de Carell, je ne sais pas pourquoi, ça ne me gênait pas. Il a dit :

– Oui, j'ai déjà attaqué des gens dans la rue pour leur piquer leur fric.

Je n'ai rien répondu, je pleurais trop.

– J'ai fait deux ou trois vieilles aussi. Quand j'étais plus jeune. Aujourd'hui je pourrais plus le refaire, trop moche.

– Sauf Mindy ?

Il n'a rien répondu. Il a jeté son mégot, et là où il a atterri, un grillon a bondi. On s'est mis à ricaner exactement en même temps. Quand on s'est calmés, j'ai juste dit :

– T'es con.

km 1087

– Tu as raison, on est suivis.

– Ah ! tu vois.

Nous roulions sur une départementale. On avait franchi deux bourgs avec des carrefours qui menaient soit à des agglomérations importantes, soit à des zones commerciales. Mais la C4 noire n'avait jamais bifurqué. J'en déduisais qu'elle nous suivait, et ce depuis au moins une heure. Évidemment, le type de l'hôtel avec ses tracts m'avait convaincu qu'on était surveillés. Ça ne résolvait pas la question du pourquoi, et une seule hypothèse semblait envisageable : le routier creusois, la vieille prostituée, le motard et leur demi-chien. Qu'est-ce que ces types nous voulaient ? Si ç'avait été la police, on l'aurait vite su. J'ai vu passer un panneau : MONTÉLIMAR : 192 KM.

– Qu'est-ce qu'on fait ?

Carell a soupiré, s'est mordillé les lèvres pendant un long moment en jetant deux ou trois coups d'œil dans son rétroviseur. Puis il a tiré le frein à main en braquant à gauche. La Clio a fait une jolie glissade pour se retrouver à contresens, Carell a aussitôt réenclenché la vitesse, a fait patiner les roues pour faire fumer la gomme et il a lâché les chevaux. La voiture a bondi en avant. Il a passé la seconde à soixante, la troisième à quatre-vingt-dix ; à cent trente, en quatrième, moteur hurlant, il s'est mis sur la voie de gauche et on a vu apparaître la C4 en haut de la côte. Je n'ai pas eu le temps d'avoir peur, juste celui de me cramponner à la poignée plafonnière en serrant les fesses. La C4 a eu deux dixièmes de seconde pour virer de bord. Elle est allée dans le fossé avant de heurter une canalisation et de partir en vrille dans le décor. Tout ça pendant que notre Clio faisait un nouveau demi-tour en dérapant sur le bitume. Ensuite, tranquillement, on est venus se garer sur le bas-côté, à quelques mètres de la voiture renversée sur le toit comme une grosse blatte sous DDT.

– Tout va bien ?

Carell avait l'air très fier de lui. J'ai longuement hésité entre l'engueuler comme du nuoc-mâm ou me marrer. Il n'a pas attendu que je me décide, il est sorti de la Clio et s'est dirigé vers la C4 en remontant son short sur ses fesses. Quand je suis descendu à mon tour, il était en train d'extirper un homme de l'habitacle en le tirant par la vitre brisée. Le type saignait abondamment. Un camping-car est passé en klaxonnant alors que je franchissais le fossé. Le couple à l'intérieur nous a regardés, avant de s'éloigner pour ne pas gâcher ses vacances.

– Il est vivant ?

– J'en sais rien, il bouge pas ce con.

Je me suis agenouillé à côté du type. Il devait avoir une cinquantaine d'années, semblait de bonne constitution, il portait un costume sport et certainement des lunettes qui, en se brisant, lui avaient tranché l'arcade sourcilière gauche, ce qui expliquait tout le sang qui maculait son visage. J'ai penché mon oreille au-dessus de sa bouche. Il respirait.

– Il respire.

– O.K. !

Contre tout avis médical, Carell l'a empoigné par le devant de son veston et lui a balancé deux gifles très rapprochées l'une de l'autre.

– Arrête… !

Une troisième a eu le temps de se glisser alors que je le repoussais et le conducteur a ouvert les yeux. D'abord petitement, puis en grand. Et il est retombé dans les pommes.

– Il ne faut pas qu'on traîne, Carell, les secours vont certainement arriver.

– T'as de l'eau ?

– Pour quoi faire ?

– Ben, lui jeter à la gueule pour le réveiller, tiens. O.K. Laisse tomber.

Avant que je puisse intervenir, il s'était redressé et se débraguettait. Le type est ressorti des limbes deux secondes avant le premier jet. Pudiquement, Carell s'est retourné et a expédié son affaire contre la carrosserie de la C4.

– Qu'est-ce qui s'est passé ? Où suis-je ?

– Vous venez d'avoir un accident, monsieur. Ne vous inquiétez pas, je suis médecin…

– Depuis quand t'es médecin, toi ?

– Carell, s'il te plaît. Monsieur, vous êtes toujours là ? Bon. On va faire quelques tests pour voir comment vous allez. Vous pouvez bouger les jambes ?

Il a replié ses deux jambes en même temps et m'a fait oui de la tête.

– Les bras, vous pouvez aussi ?

– Les bras, oui.

– La tête, faites voir : tournez à gauche, voilà. Maintenant à droite. Parfait. Suivez mon doigt. Bon, tout a l'air de fonctionner. Maintenant vous allez pouvoir nous expliquer ce que vous faisiez sur cette route à nous suivre.

Il a de nouveau ouvert de grands yeux innocents. J'avais moins de technique que Carell pour les baffes. Ma main a claqué trop à plat sur le gras de la joue et j'ai pris des éclaboussures de sang frais sur tout le devant de mon polo. Je me suis essuyé sur son veston pendant qu'il reprenait son souffle. Quand il a été en état de répondre à ma question, il a préféré me cracher au visage. Je suis aussitôt devenu dingue. En me relevant, je lui ai envoyé un coup de pied dans les côtes. Comme gestes de premiers secours, ça se posait là. Le type a roulé sur le côté en émettant un bruit de siphon engorgé.

– Hé ! Mollo, mec…

– Il m'a craché dessus !

– Et alors ? Tu les gifles tes patients d'habitude… ? Oh merde ! T'entends ?

Une sirène dans le lointain. Oubliant le « mollo », Carell a remis le type sur ses pieds et l'a collé contre la voiture.

– Mon pote, il est pas bon pour les lattes. Avec les miennes, tu vas même nous filer le nom de ta mère. Alors, j't'écoute : pourquoi tu nous suis ? T'as rien de mieux à foutre ?

Le type a souri. Carell a souri aussi. Et puis, tout d'un coup, le type n'a plus souri. Carell venait de lui attraper l'entrejambe à pleine main et commençait à serrer.

– Il va t'arriver un truc très con si tu réponds pas. T'es qui ?

– Personne.

– Quoi ?

– Personne. On m'a dit de vous suivre et d'appeler pour faire mon rapport, une fois toutes les heures, sur un numéro qui change toutes les heures.

– Qui t'a demandé ça ?

– Carell, ils vont arriver.

– Un supérieur. Vous me faites mal.

– Un supérieur ? Un supérieur de quoi ? Et le type qu'était sur le parking du motel hier soir, tu l'connais ?

– Non. Ils m'ont juste dit que vous lui aviez pris sa voiture après l'avoir assommé.

– Carell, lâche-le, ils sont là.

Une ambulance des pompiers venait de se garer sur le bas-côté et, déjà, on entendait dans la direction opposée la sirène de la gendarmerie.

– Qu'est-ce qui s'est passé ?

Je suis allé au-devant du médecin et des brancardiers en adoptant un air paniqué, ce qui n'était pas loin de mon état. Je n'étais pas quelqu'un de violent et je venais de frapper un blessé avec une facilité déconcertante.

– On l'a vu se déporter et il est parti en tonneaux. Je pense qu'il s'est endormi au volant.

– C'est vous qui l'avez sorti de la voiture ?

Le médecin venait d'arriver dans le champ et il regardait Carell derrière moi.

– Certainement pas. Quand on est arrivés, il rampait pour se dégager. Je pense qu'il a eu peur que sa voiture n'explose.

– Bon. On s'en occupe. La gendarmerie arrive. Allez les attendre au bord de la route, s'il vous plaît.

On est montés dans la Clio très calmement. Quand les gendarmes se sont garés devant nous, Carell a fait une brusque marche arrière et la voiture a pivoté comme une toupie. La poursuite a commencé là.

km 1181

Déclencher un incendie, je n'avais jamais fait. Agresser un motard, non plus. Provoquer un accident de voiture, encore moins. La course-poursuite avec la maréchaussée, en toute logique, était elle aussi une première. Je découvrais un monde, celui de la route, où tout devenait possible. On prenait le volant et tout pouvait commencer. J'étais en train de comprendre ce grand sentiment de liberté qui suintait des road movies américains. Carell et moi, on était Peter Fonda, Dennis Hopper, James Taylor, Warren Oates, Robert Blake, Barry Newman : les aigles du bitume, les seigneurs de la ligne discontinue, les princes du pot d'échappement.

Je n'avais pas eu le temps de boucler ma ceinture, et les passages de vitesse de Carell, compte-tours bloqué, ne m'aidaient pas beaucoup. J'avais froid et j'étais en nage. Les platanes défilaient à une telle vitesse qu'ils formaient un tunnel gris et vert. On devait être aux alentours des 190 kilomètres-heure, mais c'était difficile à vérifier : tout tremblait dans l'habitacle. Malgré ça, la 306 à gyrophare nous collait au train. Carell se cramponnait au volant. La voiture faisait un bruit infernal. Les odeurs de chaud, d'huile, de plastique fondu saturaient mes narines. J'ai pensé que si on continuait à ce rythme, on allait partir en torche. De la fumée a commencé à s'échapper du capot pour venir s'écraser sur le pare-brise. On aurait pu se désintégrer comme des héros, en cinémascope, dans un ultime éclat de lumière. Carell a repassé un coup de quatrième, le moteur a eu un hoquet et on a serré.

Roue libre. Plus rien.

Tel l'altimètre d'un avion qui décroche, l'aiguille du compteur a commencé à revenir lentement vers le zéro. On s'est consultés du regard, aussitôt d'accord sur l'essentiel : ce fut court mais bon. J'ai tourné la tête vers l'arrière. Cramponnés aux montants de leurs portières, prêts à bondir, les deux gendarmes attendaient qu'on s'arrête, alors qu'on menait encore un bon 60, quoique décroissant. Question course-poursuite, c'était désormais ridicule. Quand on s'est immobilisés au milieu de la route, la fumée du moteur a fait un écran blanc devant nous. Carell m'a dit :

– Tu me laisses faire…

J'ai entendu sa portière s'ouvrir et se refermer. Je n'ai pas bougé, j'ai fermé les yeux, j'ai pensé à l'autre partie de ma vie qui venait de commencer, là, sur ce périmètre de goudron, et qui allait se poursuivre dans l'une de ces prisons modernes, quelque part au milieu des champs de betteraves, près d'une sous-préfecture quelconque. C'était aussi pour ça que j'avais beaucoup de mal avec le choix : on pouvait toujours se planter et, la plupart du temps, les conséquences étaient désastreuses. Au bout d'un moment, on a klaxonné. Avec insistance. J'ai ouvert les yeux et tourné la tête vers la gauche. La 306 des gendarmes était là, garée à côté de la Clio et, penché par-dessus la place du mort, Carell ouvrait la vitre en criant :

– Grouille-toi !

Je ne sais pas comment je suis passé d'un véhicule à l'autre, mais j'ai dû le faire très vite parce que juste après on filait sur la départementale avec les gyros et le deux-tons à fond, et je disais des trucs insensés dans la cibie, Carell hurlant de rire à côté de moi.

– Bon, c'est pas tout ça, mais faut se trouver une autre caisse.

Il avait arrêté de rire d'un coup. Le sang-froid absolu. J'ai fait pareil parce que je n'avais plus de partenaire pour rigoler. J'ai donc plissé les yeux à la Clint Eastwood, et j'ai dit :

– Faut aussi qu'on se trouve un McGuffin, maintenant.

– Ouais.

Évidemment, je m'attendais à ce qu'il beugle son « Hein ? ! » habituel, du coup, ça m'a coupé mon effet.

– Tu sais ce que c'est un McGuffin, gros malin ?

– Un quoi ?

– Un McGuffin. Tu ne vas jamais au cinéma, Carell ? Un McGuffin, on en trouve dans les films.

C'est un truc, un but, une quête qui détermine tout le scénario. Les protagonistes sont lancés à la recherche de ce McGuffin, et tout ce qui leur arrive, c'est à cause de ce McGuffin. Tu comprends ?

– Et tu proposes quoi comme McGuffin ?

– N'importe quoi, Carell. Il faut juste qu'on arrête de rouler comme ça au hasard en enchaînant les conneries.

– Ben, t'avais parlé d'être gentil avec les gens. C'est pas un McGuffin ?

– Non. Et si c'en était un, excuse-moi mais il serait chiant, notre film. Et puis ça manque de femmes, cette histoire. De femmes, d'alcool et de pas mal de choses. Il faut trouver un truc. Vite.

J'ai pensé à des McGuffin possibles, mais rien de pertinent ne me venait. J'ai voulu dormir, mais je me suis dit que je devais rester vigilant parce qu'on était quand même dans une voiture de gendarmerie volée, la deuxième en moins d'une semaine. Au bout de cinq minutes, voiture de gendarmerie ou pas, j'ai changé de monde.

Quand je me suis réveillé, il tombait des gourdes, j'étais enfermé dans une cage de verdure et un abruti était en train de marteler son klaxon à proximité. J'ai mis du temps à comprendre où je me trouvais. Carell a ouvert ma portière :

– Qu'est-ce tu fous ? T'entends pas que je klaxonne depuis deux plombes ? Allez, sors d'ici, il flotte !

Il avait garé la 306 dans un champ de maïs, m'avait laissé dormir là et était parti se procurer une pauvre Méhari dont la bâche claquait au vent. On s'est gelés les os pendant plusieurs kilomètres avant de s'accorder une pause dans une station-service. Affamés, transis et trempés, on s'est jetés sur un distributeur automatique de soupes et on a vidé un stock entier de « velouté de cèpes façon Robuchon » avant de rejoindre la Méhari, les intestins bouillonnants. Il ne pleuvait plus qu'un petit grésil gras. On venait de monter à bord, quand un type s'est planté devant la voiture. Ç'a été comme une apparition.

Il portait un poncho kaki sur un short beige et un bob « Podium Ricard 1981 ». Une barbe grise et des yeux de mangouste. Sur l'épaule, un sac à dos. Aux pieds, une paire de baskets Abdul-Jabar d'époque, sans chaussettes. Une sorte de clochard de la route.

– Vous voulez pas me déposer ? On m'a volé ma bagnole.

On s'est regardés avec Carell, qui a haussé les épaules en disant :

– On doit bien ça à quelqu'un, non ?

– Non, Carell…

– On a dit qu'on était gentils avec les gens.

Le type est monté sur le plateau arrière de la Méhari et on est partis en cahotant. Je m'attendais à ce qu'il pue la Valstar, mais sous ses oripeaux il était propre et sentait même le déodorant. Il n'a rien dit pendant plusieurs kilomètres. Parfois, je me retournais pour voir si tout allait bien.

Il me répondait d'un hochement de tête. Carell aussi l'observait, dans son rétro. Je sentais que quelque chose le démangeait depuis le départ et je savais que ça sortirait à un moment ou à un autre :

– On vous a volé votre voiture, alors ?

– Ouais, on m'a volé ma voiture.

– À la station-service ?

– Non. Avant.

– Ah !

On s'est tus encore pendant de longues minutes. C'est moi qui ai repris la conversation :

– Et vous rentrez chez vous en stop ?

– Je rentre pas chez moi. Je cherche ma bagnole.

– Ah bon ? Mais… Enfin, je ne comprends pas. Ça ne doit pas être simple de chercher sa voiture en faisant du stop. Qu'est-ce qui se passe si vous la voyez et que vous êtes dans la voiture de quelqu'un ? Vous lui demandez de la suivre ?

– Je sais pas. Je verrai.

– Pourquoi vous ne rentrez pas chez vous pour attendre que la police vous appelle quand ils l'auront retrouvée ?

Le type a haussé les épaules et m'a lancé un regard mauvais.

– Je fais un boulot de merde. Onze mois par an, je risque ma vie pour ce boulot de merde. Et un mois par an, je pars me mettre au vert dans une petite bicoque

que je me suis payée en prélevant chaque mois un peu sur ma pauvre paye. C'est tout ce que j'ai. Ma bagnole, c'est le deuxième truc que je possède. Je me la suis achetée en 1980, neuve, juste avant de me faire licencier de mon premier boulot. Ça m'a côuté un bras, alors je l'ai traitée comme une reine pendant toutes ces années. J'ai pas de femme, j'ai pas de gosse, juste un petit studio que je loue, ma bicoque dans l'Aveyron et ma voiture. Vendredi soir dernier, après ma journée de travail, j'ai chargé ma bagnole et je suis parti pour trois semaines sans regarder derrière. À peine j'étais arrivé qu'un fils de pute me la vole. Mes vacances, elles sont mortes. Il me reste deux semaines avant de reprendre mon boulot de merde. Alors, ces deux semaines, je vais les passer à retrouver ma bagnole.

On s'est regardés avec Carell. On n'avait pas grand-chose à lui dire, alors on s'est mâché l'intérieur des joues. On cherchait un truc, n'importe quoi d'un peu encourageant. J'ai dit ce que des tas de gens auraient dit dans les mêmes circonstances :

– J'espère que vous allez la retrouver.

– Moi, ce que j'espère, c'est que ce connard l'aura pas abîmée. Parce que si je la retrouve et qu'elle a la moindre rayure, c'est lui que je vais chercher. Et quand je cherche quelque chose, je le trouve toujours.

Carell a relevé les sourcils. J'ai enchaîné :

– En même temps, c'est juste une voiture. Vous n'avez pas peur de vous attirer des ennuis…

– Juste une voiture !?

Il venait de m'empoigner par l'épaule et me tirait en arrière. J'ai vu surgir son visage entre nous deux et j'ai senti Carell se raidir à côté de moi :

– Non, les gars ! C'est pas juste une voiture. C'est la dernière Renault 16 TX sortie des chaînes de Sandouville avant qu'ils arrêtent la production et qu'ils nous foutent tous dehors. Cette bagnole, c'est moi qui l'ai presque complètement assemblée parce que je savais que j'allais partir avec. C'est toute ma vie. Si je suis pas foutu de la retrouver, alors j'aurai vécu pour rien. Tu piges ?

Oui, je pigeais tout à fait de quoi il retournait. Les dingues de Nibiru ne suffisaient pas. On avait maintenant sur le dos le propriétaire d'une R16 qui promettait de déchaîner l'enfer pour une petite éraflure sur de la tôle émaillée. J'ai revu le motard de la Kawazaki dézinguer le rétroviseur et enfoncer la portière à coups de botte. Et pour des raisons éthiques, on l'avait sagement laissée sur un parking. Un parking où Carell avait agressé un homme pour lui voler sa Clio. Autant dire que la police avait déjà fait son enquête, retrouvé la R16 et tenté d'appeler ce pauvre dingue.

– On vous dépose où ?

– Non, je crois que tu piges pas, là…

J'ai aperçu un Opinel qui s'ouvrait devant mes yeux.

L'instant d'après, la Méhari glissait sur la chaussée en émettant un hurlement de Jamie Lee Curtis écrasée. Le type est passé entre nous pour aller percuter la boule du levier de vitesse. Le temps que je reprenne mes esprits, Carell l'avait déjà traîné hors de la voiture et le bourrait de coups de pied en hurlant :

– Lui, c'est comme ta putain de bagnole, tu le touches pas. T'entends, pauvre connard ? ! Ta caisse, on s'en bat le steak, on en a plus besoin, on l'a laissée sur le parking d'un hôtel. ALORS TU T'ARRACHES D'ICI AVANT QUE JE TE FUME !!!

Il l'a laissé se tordre comme un ver coupé au milieu de la chaussée, il est remonté dans la Méhari et on est repartis.

km 1245

– Bon, j'ai vachement réfléchi et figure-toi que j'ai trouvé.

– Quoi ?

– On va braquer une banque. C'est pas un McGuffin de malade ?

Je me suis contenté de respirer à fond, bouche grande ouverte, et j'ai avalé une masse considérable de vapeur d'eucalyptus qui m'a fait tousser. Nous étions dans un hammam, à Montélimar.

Depuis qu'on avait abandonné le dingue à la R16 au milieu de la route, on avait roulé sans se retourner jusqu'à la capitale du nougat, avec des bouts de bâche en plastique qui nous fouettaient le crâne. On avait trouvé un hôtel. Dans la chambre, un livret recensait tous les commerces du coin. En sortant des toilettes, Carell avait brandi la brochure en disant :

– On va là, faut que j't'parle d'un truc que j'ai dans la tête.

– Carell, pourquoi est-ce que tu lui as dit qu'on

avait volé sa voiture ? Tu n'as pas vu que c'était un branque ?

– Et toi, t'as bien raconté à l'autre connard, là, que t'étais toubib.

– Mais ça ne porte pas à conséquence, pauvre imbécile. Des médecins, y en a partout. Alors que deux voleurs de R16, excuse-moi, mais…

– N'empêche, va falloir que tu m'expliques c't'histoire, là, comme quoi t'es toubib.

– Mais, c'était pour le rassurer…

– Ouais, bien sûr. Allez, suis-moi.

Voilà, nous étions seuls dans un hammam de six mètres carrés et Carell venait de me dire qu'on allait braquer une banque. Je ne l'ai pas pris au sérieux, il l'a senti, il a argumenté :

– Regarde : toi et moi, on vient de se sortir d'un nombre d'emmerdements que même un polygame cocu il aurait pas eu assez de femmes pour faire moins bien. Toi plus moi, on fonctionne comme les dix doigts de la main plus les orteils tellement on a de la chatte. T'es d'accord ou pas ? Bon, t'es d'accord. Donc, le truc qu'on va faire pour bien se prouver qu'on vaut la brochette, c'est s'faire une banque. Qu'est-ce tu veux que j'te dise ? De toute façon, s'ils nous chopent on va se goinfrer du lourd. Alors un braquage en plus là-dessus, hein ?

Je n'étais évidemment pas d'accord et moi aussi j'avais des arguments de poids pour le faire redescendre de son petit nuage plein d'euros virtuels. Enfin, surtout un.

– Et tu vas les trouver où, les armes ? Parce qu'il en faut des armes pour faire un braquage. Tu ne penses quand même pas débarquer juste avec ta tête de faux témoin et tes dents qui puent.

– Oh ! mais c'est pas un problème. Des flingues, j'en ai.

– Je te demande pardon ? De quoi tu parles ?

– Ben, des deux Manurhins que j'ai piqués aux gendarmes, tiens, couillon !

S'il n'y avait pas eu, deux jours plus tard, la Kawa verte dans notre sillage, on serait encore en train d'observer les us et coutumes des agences bancaires de Montélimar.

On les a toutes faites. On a tout vu, tout noté et, de l'extérieur au moins, tout compris. Je jouais le jeu parce que c'était ça ou rien. La nuit, Carell avait commencé à dormir peu et mal. Je l'entendais bouger, changer de position toutes les deux minutes, se lever pour aller fumer sur le balcon, revenir, ronfler trois secondes, et puis le cirque recommençait. Au milieu de la deuxième nuit, je l'ai rejoint dehors, j'ai pris une cigarette et je lui ai demandé :

– Qu'est-ce qui se passe ? On n'est pas obligés de le faire ce braquage, tu sais. Moi, je n'y tiens pas plus que ça.

Il m'a regardé. La lumière au sodium de la rue est venue se refléter dans ses yeux et j'ai vu qu'il pleurait.

Il a baissé le regard. Sa cigarette tremblait dans sa main.

– J'ai pissé au lit.

Un autre que lui aurait dit : « J'ai un truc à t'avouer, mais promets-moi que tu vas pas te moquer de moi. » Carell, non. Juste : « J'ai pissé au lit. » Je n'avais qu'un choix restreint de partitions à jouer. J'ai tenté le concerto, à la fois viril et débonnaire :

– Et alors ? Ils changent les draps tous les jours, non ?

Il a semblé respirer pour la première fois depuis que je l'avais rejoint. Il s'est tourné vers moi et, dans la seconde qui suivait, il me tenait serré dans ses bras. À part reculer mon pelvis pour éviter le contact avec son ventre et me boucher le nez pour ne pas sentir ses mauvaises odeurs, je n'ai rien fait pour l'en empêcher. C'était un câlin, je l'ai pris comme tel. Carell était petit, alors sa grosse tête s'était calée dans mon cou. J'ai cru un temps qu'il murmurait une petite comptine, mais non. Il priait. J'ai regardé le ciel, plein de nuages verts, une voiture est passée en contrebas avec de la techno qui s'échappait par les vitres ouvertes, des gens sortaient des restaurants, riaient ou parlaient fort, quelques chiens ont aboyé aussi. Et puis, au bout de tout ce temps, j'ai dit :

– Tu te sens mieux ?

Il s'est redressé, il m'a pris par les épaules pour me regarder bien en face, et il m'a dit en souriant :

– J'ai fait une prière pour toi, mon con. Une belle prière, tu sais. Et je sais qu'elle se réalisera : ta femme, elle va revenir et puis tu vas retrouver ton travail de toubib ou je sais pas quoi, et tu gagneras même plus que tout ce que tu gagnais avant tout ce bordel. Faut y croire. Dieu, il est là pour chacun d'entre nous. T'as confiance ?

J'ai ricané, il m'a filé une petite gifle et m'a planté son index sous le nez :

– Déconne pas, mec, je suis sérieux là. T'as confiance ?

– Ouais… Oui, j'ai confiance, Carell.

– Bon, ben dans deux jours on passe à l'action et dans trois on prend notre retraite. Allez, bonne nuit.

Il est rentré. Je suis resté sur le balcon. J'ai pensé à la prière de Carell et je me suis demandé comment il avait bien pu savoir pour Marie alors que je n'en avais pas dit un mot depuis notre départ. Peut-être que je portais ma peine et ses raisons comme une seconde peau. J'ai rallumé une cigarette, je l'ai fumée accoudé à la balustrade et je n'ai pensé à rien jusqu'au filtre. Au moment où je l'ai jeté par-dessus le balcon, j'ai revu le rideau de brocart rouge de la salle Pleyel qui se levait sur moi, assis devant un Bösendorfer 290 laqué noir ayant appartenu à Oscar Peterson.

Quand j'ai voulu me glisser dans mon lit, il y avait Carell à ma place.

km 1305

On avait décidé d'aller visiter Donzère. Là-bas, le Crédit mutuel serait toujours moins fréquenté qu'à Montélimar. J'étais à l'origine de cette idée, qui avait surtout pour but de nous faire changer d'air. Même si la Méhari était percée de partout, elle restait quand même une voiture et, depuis le début, on n'avait pas fait grand-chose d'autre que de bourlinguer dans des sièges plus ou moins confortables. J'avais dans l'idée d'abandonner Carell une heure ou deux à sa version du McGuffin, et d'aller flâner dans la ville. J'en étais là de mes pensées quand Carell s'est écrié :

– Oh entiii ! Regarde derrière !

J'ai regardé derrière et j'ai vu la Kawazaki verte. Dessus, il y avait un autre type que le motard qu'on avait laissé sur la chaussée creusoise. Je me suis retourné vers Carell parce que Carell, depuis l'incendie, était LA solution à presque tout.

– Putain, me regarde pas comme ça, hein ? Je sais qu'il faut qu'on trouve une autre bagnole, pas la peine d'insister.

Je n'insistai donc pas. Nous avons enfilé des séries de ronds-points qui n'en finissaient plus, pour nous retrouver finalement collés à toute une ribambelle de voitures qui n'avaient rien trouvé de mieux que de partir toutes en même temps vers la même destination. Derrière nous, la Kawa verte n'avait plus du tout l'air pressé. J'imaginais très bien le sourire du motard derrière sa visière à revers miroir.

– Il ne faut surtout pas qu'on sorte d'ici. Au prochain rond-point, tu fais le tour et tu reviens sur Montélimar.

– Je croyais qu'on allait sur Donzère voir le Crédit mutuel !

– Carell, on est suivis et on ne sait pas ce que nous veut ce type. Si on prend la route, il va passer à l'action. Mais il ne fera rien tant qu'on sera en agglomération, tu comprends ?

Au rond-point suivant, fumasse, il a fait un tour complet et on est repartis en sens inverse. Je me disais qu'à défaut de semer le motard, on allait le faire tourner chèvre. La Méhari avait le plein aux trois quarts, on n'avait rien de mieux à faire que d'éviter les rues désertes. Le type s'est accroché pendant près de deux heures. Il suivait gentiment, jouant au yoyo dans la circulation dense.

Comme bon nombre de villes, Montélimar voulait virer les voitures de ses rues, sans chasser les habitants. On avait alors planté des allées d'horodateurs à deux euros l'heure, puis lâché des hordes de contractuels pour veiller au grain. Ainsi remplissait-on les coffres de la municipalité tout en louant les vertus des transports en commun, eux-mêmes irréguliers, donc saturés.

J'ai cru un temps que j'étais le seul à en avoir ma claque. Mais c'était faire abstraction du menton de Carell qui montrait de profonds signes d'impatience. Je ne l'ai découvert que plus tard. Sur le moment, j'ai dit :

– Bon, prochain feu, je descends.

– Tu vas où ?

– J'ai un plan. Je descends, je fais semblant d'aller à la boulangerie, toi tu continues à rouler et tu fais comme si t'allais m'attendre plus loin.

– Et si y a pas de boulangerie, gros malin ?

– On s'en fout de la boulangerie, c'est le prétexte qu'est important. Bref. Je descends et j'attaque par-derrière.

– Toi, attaquer quelqu'un ? ! Peeeuuh !

Il n'y avait effectivement pas de boulangerie mais un fleuriste. Je suis descendu de la Méhari et, comme le pire des comédiens, je me suis exclamé à l'adresse de Carell – mais surtout à l'attention du motard qui, s'il ne m'entendait pas, m'observait sûrement avec la plus grande attention :

– Je vais prendre des fleurs pour Marie, attends-moi un peu plus loin. Je n'en ai pas pour longtemps.

– C'est qui Marie ?

On a klaxonné derrière nous. J'ai filé jusqu'au fleuriste, suis entré dans la boutique et, au travers d'un bouquet de lys blancs en vitrine, j'ai observé l'avenue. La moto venait de passer le feu et elle suivait toujours la Méhari. Comme celle-ci se garait un peu plus loin en double file, le conducteur est monté sur le trottoir et a mis son engin sur béquille. Il était tellement focalisé sur son objectif que j'avais tout le temps de passer à l'action. Exactement comme je l'avais pressenti, comme quoi ma téléphagie servait à quelque chose.

– Ils sont de ce matin. Les lys, je veux dire.

J'ai tourné la tête vers la voix qui venait de parler à ma nuque. La fleuriste était une très jolie jeune femme que j'ai quittée à regret. De sa belle main toute fine, elle m'a salué comme je passais sa porte. Je me suis dit que, malgré mon incapacité notoire à me comporter normalement avec elles, je pouvais encore plaire aux femmes. Sur le coup, ça m'a fait chaud au cœur. C'est certainement ce qui m'a déconcentré.

Si on suivait mon plan de Castor Jr., je comptais arriver par l'arrière de la moto, lui voler ses clés et m'enfuir en courant. Là, j'étais récupéré par Carell et on filait vers Donzère sans plus personne à nos trousses.

Il y avait plusieurs ventres mous dans cette ruse. D'abord, je n'avais jamais conduit de moto de ma vie, j'étais donc incapable de dire où se trouvait la clé de démarrage. Ensuite, m'enfuir en courant c'était bien beau, mais quid de la vélocité pédibus du motard ? Enfin, dans la précipitation, je n'avais pas pris le temps d'expliquer mon scénario à Carell qui ne savait donc pas que je devais me précipiter dans la Méhari et qu'ensuite, il devrait détaler au travers d'un embouteillage. En approchant à pas de loup de la moto, je me suis dit qu'au pire, Carell foncerait dans le tas. Mais ce que j'ignorais, c'était que le pire, Carell était déjà en train de le commettre.

Je ne l'ai pas vu venir, le motard si. Quand je suis arrivé dans le dos du type, il a eu un mouvement de recul, la moto s'est renversée et, déséquilibré, il a flanché sous le poids. Je le regardais sans bien comprendre comment il avait fait son compte, ni pourquoi, quand j'ai entendu une femme crier. J'ai levé les yeux et j'ai vu Carell traverser le carrefour en courant au milieu des voitures, un pistolet à la main qu'il braquait devant lui, le poil hérissé, les oreilles couchées en arrière, des yeux de hyène. En quatre secondes, il était sur le motard, lui plantait ses deux genoux dans la poitrine et son pistolet contre la visière. Autour de nous régnait le plus grand n'importe quoi. Les gens couraient dans tous les sens, les voitures se rentraient dedans, les gens sortaient des voitures accidentées et hurlaient, avant de s'enfuir eux aussi. Un vieux dans un fauteuil roulant s'est retrouvé abandonné au milieu d'un passage clouté et une camionnette qui voulait l'éviter a fini sa course dans la vitrine de la jolie fleuriste, emportant du même coup le vase de lys blancs. Moi, c'était plus simple : je ne pouvais pas bouger. Impossible. Si on m'avait touché, je me serais brisé en morceaux.

– TU TE LÈVES !

Carell ne voyait rien de ce qui se passait autour de lui, rien d'autre que le motard. Avec une grâce inattendue, il s'est relevé, a reculé d'un pas et, avec le canon de son arme, il a fait signe au type. L'homme a glissé, s'est rattrapé de justesse et s'est remis debout. Ses bras se sont dressés au-dessus de sa tête, toujours casquée. Il tremblait comme un flan.

– Allez ! Avance !

Le motard a fait un pas. Carell a reculé d'un pas. Un autre, un autre. Et ils ont traversé le carrefour, au milieu des bris de verre, des bouts de pare-chocs et de la terreur urbaine. Pendant de très longues secondes, je me suis cru dans cette séquence de *Furie*, quand Amy Irving tente de s'enfuir à travers un quartier pavillonnaire et qu'elle se retrouve encerclée par tous ces types qui cherchent à la coincer : une scène à deux cents images-seconde, avec des tas de gros plans sur les visages apeurés et cette musique complètement à côté de la plaque. Carell, c'est Kirk Douglas, avec sa tronche déterminée et son flingue au bout du bras. Moi, je ne sais pas bien. Peut-être que je suis juste Brian de Palma qui prend un gros pari : tourner une scène d'action au ralenti.

Bon, ensuite, quand il s'est agi de faire monter tout le monde dans la Méhari, côté esthétique, c'était quand même moins glorieux. Au loin, on commençait à entendre les sirènes. On s'est retrouvés tous les trois dans la voiture qui tanguait sous notre poids, Carell et moi à l'avant, le motard assis en tailleur sur le plateau arrière, et le flingue dans ma main parce que Carell ne pouvait pas à la fois conduire et menacer. Comme prévu, il s'est ouvert une voie dans l'embouteillage à grands coups d'accélérateur, et en moins de deux, on était sur la route redevenue libre, les ailes massacrées mais le vent dans les cheveux. Il avait peut-être raison, Carell, on avait sans doute assez de bol, lui et moi rassemblés, pour réussir un braquage de faible envergure.

km 1358

– Vire ton casque !

On avait très vite quitté la nationale 7 pour chercher un coin tranquille : une forêt. J'avais des crampes plein la main à force de serrer la crosse du Manurhin, de chercher à défaire du pouce le cran de sûreté et d'écarter mon index du pontet pour éviter de presser accidentellement la queue de détente. En fait, j'avais mal partout. Carell a pris le relais pendant que je m'éloignais en battant des bras pour faire passer les crampes. Le temps que je revienne, il avait fait agenouiller le motard face à un arbre.

– Vire ton casque, j'ai dit !

Vu les petits spasmes qui secouaient son dos, je me suis dit que là-dessous, le type était en larmes. J'ai eu un peu pitié.

– Hé ! Carell…

– Quoi ? !

– Doucement, quand même…

– Toi, TA GUEULE ! Toi, VIRE TON CASQUE !

Avec des gestes syncopés, comme s'il voulait gagner quelques secondes de vie supplémentaires, le motard a porté ses mains à la jugulaire pour la détacher. Ensuite, il a saisi les maxillaires du casque et l'a soulevé centimètre par centimètre. Comme il nous tournait le dos, ce sont d'abord ses cheveux que nous avons vus quand ils sont retombés en cascade sur ses épaules. Des cheveux bouclés, très sombres et tellement brillants. Quand le casque a passé le sommet de la tête, une seconde vague de mèches torsadées a achevé le tableau. Lentement, il s'est tourné vers nous. Carell et moi sommes restés pétrifiés. C'était une femme.

Et elle était moche, mais moche ! Quelque chose de grand dans l'art du laid. Impensable dissymétrie des traits, un nez en patate, des yeux globuleux, des sourcils épilés à la scie égoïne et une bouche molle. Elle était grosse, ce que nous n'avions pas soupçonné tant qu'on pensait qu'il s'agissait d'un homme. Enfin, passablement mal fichue : pas de seins, du ventre, pas de taille, le fessier vaste et plat. Un physique abject dont la vision, je ne saurais dire pourquoi, m'a immédiatement agressé. La moto était immatriculée dans la Creuse, elle venait de rouler sur près de quatre cents kilomètres, plus le supplément dans Montélimar, on n'osait même pas lui demander d'ouvrir son blouson. Enfin, moi non. Carell, lui, ça lui a plutôt affûté l'esprit et son ton est devenu nettement plus neutre :

– Euh… Bon, relevez-vous, s'il vous plaît. Qui vous êtes ?

– Je suis personne.

On s'est regardés avec Carell et on a pensé la même chose. Quelque chose a commencé à me travailler les nerfs et je me suis écrié :

– Bon, ça va ton cirque, là ? Je suis personne ! Mon cul, ouais. T'as de la chance d'être moche, sinon je t'aurais fouillée. Alors t'es qui, vieux boudin ?

– Oh ! mec…

– Quoi ? !

– … cool quand même…

J'ai senti une sorte de tornade se lever en moi. Une violence tellurique qu'il fallait que j'exprime, là, maintenant, si je ne voulais pas qu'elle me ravage l'intestin. J'ai fait un pas rapide vers Carell, lui ai arraché le Manurhin qui pendait mollement au bout de son bras, et je l'ai pointé sur elle. Elle s'est immédiatement jetée à terre en émettant un bruit de groin fouissant un tapis de glands.

– Vas-y, couine, gros tas ! Couine autant que tu veux, mais je te jure que tu vas me dire qui t'es. T'es pas personne, t'es juste rien. Tu t'es regardée ? Non, tu te regardes plus. Tu te regardes plus parce que quand tu te vois, tu pleures. Tu veux que je te dise ? Tu me files la gerbe avec ta tronche de coin de table et tes surplis de saindoux. Pourquoi t'es moche, hein ? Carell, pourquoi elle est moche, tu peux me dire ? Pourquoi on croise que des thons depuis qu'on est partis ? Ouais, désolé mademoiselle, mais c'est vrai : vous êtes pas la première. Lui, il s'en accommode, mais pas moi. J'ai envie de baiser, moi, Miss Creuse. Et pas des tromblons. Tu peux pas faire un tout petit peu attention à ton physique, non ? Pourquoi t'es pas juste un peu jolie ? Je demande pas grand-chose pourtant : une belle nana, une fois de temps en temps, c'est quand même pas le bout du monde ! Mais non, faut que je tombe que sur des veaux. Ouais, parfaitement : des veaux ! Et les veaux, à part être capables de se lécher l'œil, tu veux me dire en quoi c'est intéressant ? Vous voulez pas un peu arrêter de me faire chier, HEIN ? VOUS VOULEZ PAS TOUS ARRÊTER DE ME FAIRE CHIER !

J'ai vraiment fait n'importe quoi. C'est-à-dire qu'au lieu d'interroger cette fille avec la patience de mon arme, je me suis effondré par terre en tapant des pieds. Et, paraît-il, j'aurais posé le pistolet sur mon oreille. Juste après, un truc s'est précipité sur moi. Et puis le grand noir. La dernière chose que j'ai entendue avant de sombrer complètement, c'est une toute petite voix qui disait :

– Je m'appelle Emmanuelle Saader...

km 1885

Quand je suis sorti des limbes, j'avais le nez couché sur ma joue droite. Carell n'avait trouvé que cette parade pour que je ne me fasse pas, soi-disant, sauter le caisson. Une bûche qu'il m'avait jetée en plein visage.

J'étais allongé sur le dos, je voyais en gros plan et en contre-plongée le hideux visage de Carell, qui m'expliquait ce qui venait d'arriver.

– Où est la fille ?

– Emmanuelle ? Ben, justement…

– Elle est partie, cette truie ? Tant mieux !

– Mais non. Tu penses, je l'aurais abattue. Elle est là-bas, regarde.

J'ai soulevé la tête, quatre cent mille volts m'ont traversé le cerveau en un dixième de seconde. J'ai hurlé. Carell a passé sa main sous ma nuque pour m'aider. Elle était là-bas, en effet. Dans une drôle de position. Carell avait passé la chaîne de son antivol dans les deux manches de son blouson. La plaquant au tronc d'un arbre, il avait verrouillé le cadenas. L'idée était si génialement débile que j'ai eu envie de rire. Alors j'ai reposé ma tête tout doucement.

– Quel est le problème, alors ?

– Y a pas de problème. Juste qu'elle va m'aider parce qu'elle est infirmière.

– Infirmière ? Mais t'aider à quoi ?

– En fait, y en a un, de problème.

– Lequel ?

– Elle va m'aider à te remettre le nez en place.

– Non mais ça va pas ? Et puis comment elle va faire, tu l'as attachée ?

– Tout va bien se passer, monsieur, je l'ai fait des centaines de fois. Je lui dirai juste comment faire. Ne vous inquiétez pas…

– Ta gueule, boudin, je t'ai pas causé ! Carell, tu touches pas à mon nez, tu m'entends ?

J'ai voulu me relever, mais je n'ai pas pu. D'un, la douleur me paralysait. De deux, quelque chose coinçait.

– Ouais, désolé, mec, toi aussi je t'ai attaché ! Avec les sangles de la bâche de la Méhari. C'est pour l'opération, tu comprends ? Si tu bouges, tu vas ramasser.

La rhinoplastie forestière a duré un petit peu moins d'une demi-heure. On a tous hurlé. Elle donnait une indication. Carell me pliait le nez avec ses doigts fins comme des poutres. Je hurlais de douleur. Il hurlait : « Pourquoi il gueule comme ça ? » Emmanuelle répondait en hurlant : « Parce que vous vous êtes trompé de sens. » Elle redonnait ses instructions, et on repartait pour un tour. La cloison nasale a finalement craqué et j'ai eu le temps d'entendre : « Il pisse le sang ! » avant de replonger dans le grand maelström. Quand j'en suis sorti, Carell était en train de me balancer de l'essence au visage. J'ai dû rêver qu'il me jetait une allumette parce que j'ai eu l'impression de prendre feu. J'ai rouvert les yeux. Pire. Carell a hurlé : « Pourquoi il gueule encore ? », et l'infirmière entravée a hurlé : « Je vous ai dit de le désinfecter avec l'essence, pas de lui jeter dans les yeux… » Noir.

J'ouvre les yeux, ça me brûle, on me transbahute. Noir.

J'ouvre les yeux, ça me brûle, la mocheté est en train de me caresser le front avec une éponge qui sent le moisi. Noir.

J'ouvre les yeux, ça me brûle, je suis seul, il y a de vieilles tuiles au-dessus de moi. Noir.

J'ouvre les yeux, ça me brûle moins. Carell me regarde. Noir.

J'ouvre les yeux, ça me brûle plus du tout, je suis seul, il y a de vieilles tuiles au-dessus de moi, une femme geint dans un coin, que je ne peux pas voir. Noir.

J'ouvre les yeux, le boudin me regarde en souriant, me demande si je me sens mieux, je refuse de lui répondre, Carell arrive derrière elle et lui passe une main sur un sein, à travers son T-shirt. Elle lui donne un coup de coude. Noir.

J'ouvre les yeux. Il y a de vieilles tuiles au-dessus de moi. Un homme beugle comme un veau. J'arrive à garder les yeux ouverts.

Je redresse la tête. Aucune décharge électrique ne me traverse le crâne. Je suis dans une bergerie et, à l'autre bout de la pièce, Carell est assis sur une chaise, short et slip en bas des jambes, la motarde agenouillée à ses pieds. Et là, impossible de me débrancher. J'y ai droit jusqu'au bout, même en regardant les vieilles tuiles au-dessus de moi. Ça s'achève dans un grand brame où se distingue un long chapelet d'insanités. Juste après, la fille est prise d'une violente quinte de toux.

– Vous êtes infirmière ?

– En effet, oui…

– Vous êtes nulle comme infirmière.

On s'était assis à même le sol, autour d'un petit touret dévidé et on se partageait un camembert qu'Emmanuelle avait sorti de son sac. Je n'aimais pas cette fille, mais alors pas du tout.

– Vous êtes nulle et vous êtes moche.

– Bon, mec, c'est bon, là.

– T'as un truc à dire, toi ?

– Non, mais c'est pas une raison pour lui parler mal, quand même.

C'était amusant de constater comment, en présence d'une femme, même arrangée comme un camion-benne, Carell se découvrait des manières.

– Ah, je l'attendais celle-là ! Le grand couplet du type vidé qui défend son aspirateur. T'as vraiment honte de rien…

Il a levé la main, il a considéré l'état de mon nez, il a repris du camembert :

– Ça, pour frapper, y a du monde, hein ? Tu lui as demandé au moins pourquoi elle nous suivait ? Ce que c'était que cette histoire de « Je suis personne » ? Et les tracts qu'on a retrouvés dans la Clio ? Enfin bon, t'as avancé un peu pendant que j'étais dans le coma ? Ou tu t'es juste contenté de te faire siphonner les gonades ?

Il a regardé Emmanuelle, elle a baissé les yeux vers sa tranche de pain de mie, il a baissé la tête vers la sienne. Je me suis levé et je suis sorti de la bergerie. À chaque pas, j'avais l'impression que ces imbéciles m'avaient greffé l'arête nasale sous le talon. Dehors, encore les étoiles, encore un peu plus de lune, encore toute cette foutue beauté de la nature. J'ai vomi. Puis, un peu plus loin, je me suis allongé dans l'herbe et j'ai fermé les yeux. Carell et sa belle se sont mis à glapir comme un renard et un lapin enfermés dans la même cage.

Le lendemain, je grelottais, j'avais un goût de sang dans la bouche, ils m'avaient roulé dans la bâche de la Méhari et je les entendais murmurer à quelques pas de là.

– Et s'il a une septicémie ?

– Une quoi, t'as dit ?

– Une infection généralisée. Qu'est-ce qu'on fait ?

– Comment ça, qu'est-ce qu'on fait ? C'est toi qu'es infirmière.

– Moi, tu sais très bien ce que j'en pense.

– Ah ! ben non, l'hosto c'est pas possible dans notre condition.

– Ben alors il va mourir, ton copain.

– Nan… ?

– Si je te le dis. C'est qui l'infirmière ?

– Oh ! ouais, redis-moi encore des trucs comme cette nuit.

– Non, Carell, pas maintenant. Pas devant lui.

– Allez, s'te plaît, Manu !

– M'appelle pas Manu ! Teuuuut ! Couché !

– Ouais, ouais !

– Tais-toi !

– Non, c'est nul « tais-toi »...

– Ta gueule ! Et tu bouges plus !

J'ai cru entendre Carell émettre un grognement plaintif, mais peut-être s'agissait-il juste de mes dents qui grinçaient. Je me suis rendormi, j'ai fait des cauchemars atroces – dans l'un d'eux, je trucidais Marie et Léa avec une épée. Je me suis réveillé. Je rebondissais sur le plateau de la Méhari avec au-dessus de moi les rameaux des arbres qui me regardaient passer en se marrant. J'étais glacé. J'ai dû redescendre encore pendant de très longues heures parce que, quand j'ai rouvert les yeux, j'étais sur la banquette arrière d'une confortable berline dans laquelle on jouait le *Concerto n° 3 en ut majeur* de Prokofiev, avec Martha Argerich au piano et l'orchestre philharmonique de Berlin derrière, conduit par Abbado. J'étais assez clair à cet instant pour me souvenir qu'il s'agissait d'un enregistrement Deutsche Grammophon de 1967 et pour voir encore cette partition sur laquelle je m'étais si souvent éreinté dans mes jeunes années. Dehors, il faisait nuit, je me suis laissé bercer, mon nez ne me faisait plus souffrir, j'étais bien. Enfin.

Il faisait jour, j'étais recroquevillé sur le siège baquet d'un vieux break brinquebalant, à la radio passait une page météo locale. Le journaliste y parlait du Cantal et du temps exceptionnellement pourri de ce mois de juillet. J'ai eu le temps de penser : « Faudrait savoir ! »

Le soir tombait, j'avais les pieds remontés contre la portière d'une Coccinelle qui filait sur une autoroute dont je ne voyais passer que quelques panneaux illisibles sous les averses. Devant, Carell et son trumeau chantaient à tue-tête : *« Quand le vétérinaire, d'un seul coup l'acheva, je vis pleurer mon père, pour la première fois. »* Le temps que je lâche l'affaire et que j'y revienne, ils étaient passés à *« Puis à l'hôpital il vint en courant, pour offrir les fleurs à sa mère, mais en le voyant, une infirmière, tout bas lui dit : "Tu n'as plus de maman" »*. Décidément, c'était d'un gai !

Il faisait nuit lorsqu'on s'est finalement arrêtés au bout d'un chemin dont les ornières m'avaient tout à fait réveillé. Les deux portières de devant se sont ouvertes et ont claqué. J'ai entendu la voix de Carell qui parlait avec un homme. Puis la voix d'Emmanuelle, que j'ai trouvée soudain sèche. Carell a dit une phrase qui ne s'est pas achevée. Quelque chose de lourd est tombé sur le sol. La portière arrière s'est ouverte et le faisceau d'une torche m'a aveuglé. On m'a tiré par les pieds. Je suis tombé au sol en me cognant la nuque sur le marchepied de la voiture.

km 1885,1

Ce sont les pleurnicheries de Carell qui m'ont remis d'équerre.

– Oh meeeeec ! J'chus désolé, si tu savais comment que j'chus désolé ! Rhââââboooouuu…

– On est où ?

– Oh amiiii ! Tu sais même pas comme j'suis hyper-content que t'es vivant.

Nous n'étions plus dans une bergerie, mais dans une écurie. Plus précisément dans une stalle de cette écurie dont on avait rehaussé les barreaux pour en faire une cellule. J'ai aussitôt repensé à la grosse Emmanuelle en train de chanter *Stewball* et *Les Roses blanches* dans la voiture et je me suis dit que, tout bien considéré, cette fille avait quand même de la ressource. J'avais quelque chose sur le visage qui me gênait. J'ai touché mon nez : il était tenu par une attelle collée à mes joues par une bande adhésive micropore.

– Tu vas pas être trop content, je pense, Vincent, si je te le dis.

– Carell, s'il te plaît, sois adulte.

C'était la remarque itérative de Marie qui me blessait le plus. J'ai pensé que j'allais offenser Carell en la lui servant, mais Carell se foutait d'à peu près tout.

– On est Chez Marin.

– Qui est Marin ?

– J'en sais rien. C'est écrit comme ça sur la pancarte que j'ai vue à l'entrée du bled : CHEZ MARIN.

– Tu veux pas être plus clair ?

– Tu te souviens, le tract dans la Clio que j'ai oublié de demander à Emmanuelle c'que c'était ? Ben, on est là. À Saint-Martial-le-Mont.

Notre histoire était déjà inepte, mais là elle devenait franchement ridicule. À quoi jouait-on ? À chat avec une bande de tarés creusois qui nous poursuivaient comme des varans pour nous ramener dans leur tanière ?

– Non, non, non !

– Qu'est-ce qui te prend, Vincent ?

– Non ! Je veux bien être pris pour un con en y mettant vraiment du mien, mais là ça devient vraiment n'importe quoi. Qu'est-ce qu'ils nous veulent ?

En fait, ce veau de lait d'Emmanuelle lui avait ravagé le peu de matière grise dont il avait été doté à la naissance. Entre deux levrettes, elle lui avait présenté ses évangiles, et en à peine vingt-quatre heures, Carell était devenu un Nibirien.

– Un quoi ?

– Un Nibirien. Un… merde ! Comment elle a dit déjà, Emmanuelle ?… Un élu, je crois. Un élu de la planète Nibiru. Tu connais la planète Nibiru, toi ?

– Non. Enfin si, j'ai lu le tract…

– Eh ben, figure-toi qu'il y a une planète qu'est cachée je sais plus trop où dans l'univers…

– Oh ! Carell, t'as fini, ouais ? T'as quoi dans le crâne ? Du Schweppes ?

– C'est elle qui m'a raconté tout ça.

– Oui, ben c'est des conneries. Je te rappelle que ça fait quatre siècles que l'humanité observe le ciel. S'il y avait une nouvelle planète, même toi, tu serais au courant.

– Quatre siècles !?

Cette conversation ne servait à rien, Carell ne me serait d'aucun secours. Deux types sont venus, l'un avec un fusil, l'autre avec un plateau. L'un vieux, l'autre pas. L'un nous a tenu à distance pendant que l'autre posait le plateau à même le sol. J'ai quand même demandé pour la forme :

– Vous êtes qui, vous ?

Parfaitement synchronisés, ils ont répondu :

– Personne.

Ils sont repartis. Carell s'est approché du plateau. J'ai dit :

– Tu devrais pas y toucher, c'est sûrement drogué.

Il m'a regardé, puis il a saisi l'un des deux sandwiches qu'il est allé ronger à l'autre bout de la stalle. J'ai fait de même. Un quart d'heure plus tard, on n'avait pas bougé de nos places, on était juste à quatre pattes en train de se vider comme des poulets. À bout de souffle, Carell a eu le courage de murmurer :

– J'chus désolé, mec…

Et il a basculé sur le flanc, comme un cheval à l'abattoir.

– Carell… !?

J'ai fait de même, comme un autre cheval. Mais cette fois-ci, pas de flash, pas de réveil nauséeux. Je suis sorti de là tout neuf, tout propre, hyperréactif à tout, bruits, odeurs, sensations. Je supportais à peine le contact de cette chemise sur ma peau. J'ai tourné la tête et j'ai vu Carell qui se grattait l'aisselle comme un chien galeux. Autour de nous, c'était n'importe quoi. Une église en ruine dont le toit éventré laissait voir un ciel plein de cumulus noirâtres. Des hommes, des femmes, de tous âges, nus et encapuchonnés comme des bourreaux de l'époque médiévale. Des seins qui pendaient, d'autres moins, des pénis de toutes les longueurs reposant sur des cuisses de tous les diamètres. Les mains croisées sur des abdomens plus ou moins mous. Et des poils, des poils. Quand ma voisine s'est levée, je n'ai vu que ça : ses poils. Un pubis monstrueux, large comme un paillasson, noir comme un scottish terrier. Elle m'a saisi par les cheveux et m'a tiré la tête en arrière. J'ai cru apercevoir une lame. Soudain, j'ai eu très froid.

km 1891

Après, j'ai vu mon corps. Il était renversé, là, par terre, devant l'autel, et tous ces gens dévêtus avec juste leurs cagoules s'étaient levés et faisaient la queue pour venir, chacun à son tour, plonger deux doigts dans les chairs de mon cou qui se vidait de son sang à longs jets discontinus. Ma tête avait été tranchée juste sous l'os hyoïde. La bonne femme avec le tablier de sapeur en guise de culotte avait fait ça de manière très professionnelle : sa lame avait sectionné le rachis cervical entre C1 et C2 aussi sûrement qu'une guillotine. J'ai tourné les yeux, puisque sous ma tête il n'y avait plus de cou pour la faire pivoter, et j'ai aperçu la tête de Carell, à la limite de mon champ de vision. Lui aussi regardait son corps allongé près du mien et les gens qui venaient y tremper leurs doigts. Je me suis demandé combien de temps encore j'allais devoir supporter cette horreur, à quel moment mon cerveau était supposé s'éteindre, et si ces branques n'avaient pas réussi à inventer un système qui permettait à une tête de poursuivre sa vie sans le corps qui va avec. Le seul truc positif dans tout ça était que mon estomac n'étant plus relié à moi, je ne sentais physiquement ni l'angoisse ni la peur.

Plus tard, ils ont emmené nos cadavres. Ils nous ont emportés dans une autre salle, ont ouvert une porte dérobée et, derrière, est apparu un bloc opératoire carrelé de céramique blanche avec deux lits surplombés de scialytiques. Ils nous ont déposés sur les lits et un type habillé d'un tablier chirurgical, d'un masque buccal et d'une charlotte en polaire respirante est entré, a tendu ses mains à une femme moche que j'ai reconnue tout de suite. Emmanuelle. *C'est donc vrai que cette fille est infirmière,* ai-je songé. Elle a enfilé une paire de gants en latex au type qui s'est alors adressé à quelqu'un derrière moi :

– Bien. Vous pouvez commencer.

Un masque d'anesthésie a atterri sur ma bouche. Une femme à lunettes et sans âge est apparue :

– Comptez jusqu'à dix.

Un goût de fraise synthétique s'est précipité sur ma langue. J'ai fait :

– Un, deux, tr…

Noir.

Quand je me suis réveillé, j'ai tout de suite reconnu notre stalle dans l'écurie. J'étais seul, nu sur le béton froid. Et j'avais le corps de Carell. Je veux dire qu'ils avaient greffé ma tête sur le corps de Carell. Donc, j'avais un ventre proéminent, un membre plutôt conséquent, et je voyais le sol à moins d'un mètre soixante-dix sous moi. J'ai eu la confirmation de cette transplantation perverse quand ils ont amené Carell et qu'ils l'ont sorti du brancard pour le poser à l'autre bout de la stalle. Nu, lui aussi, avec mon corps. Ça m'a fait bizarre de le voir comme ça, avec un ventre plat et un petit sexe rabougri. Carell-moi ne bougeait pas, ses yeux étaient fermés. Je-Carell me suis approché de lui-moi :

– Carell ? Ho ! Carell, tu m'entends ? Il nous est arrivé un truc incroyable. Tu veux pas te réveiller… ?

La peur était revenue. Je la sentais dans le ventre de mon ami. Ça ne faisait pas une boule, ça gargouillait. Peut-être que nous avions faim plutôt que peur. Je ne savais plus. Tout était confus. Je n'arrivais pas à réfléchir. J'ai eu envie d'uriner. On est donc allés se soulager sur un tas de paille dans l'angle opposé. C'est là que nous nous sommes effondrés.

Quand je suis revenu à moi, j'ai vu Carell. Il n'était pas nu. Moi non plus. J'avais mon corps, lui le sien, aucune cicatrice autour du cou. La porte de l'enclos s'est ouverte et les deux types qui nous avaient offert ce trip pourri sont entrés. Le fusil du vieux s'est redressé, le jeune a dit :

– Laisse tomber, avec ce qu'ils viennent d'ingurgiter, ils feront rien. Viens plutôt m'aider.

Le vieux a posé son fusil, ils ont attrapé Carell sous les bras et l'ont emmené, avec les talons de ses chaussures qui raclaient le sol en laissant deux traînées noires. J'ai regardé le fusil en écoutant mon cerveau commander à mon corps : *« Lève-toi, attrape-le et flingue à tout va ! Allez, qu'est-ce que t'attends, espèce de larve ? ! »* Mais je ne pouvais même pas bouger les orteils. Quelques minutes plus tard, on est venu me chercher. On m'a chargé dans une camionnette, à côté de Carell. La camionnette a démarré et j'ai commencé à rebondir contre la tôle. Ça n'a pas duré longtemps, mais quand ils nous ont sortis de là, j'avais une migraine beaucoup trop importante pour mon seul cerveau.

Nous étions dans une clairière, avec une cinquantaine de personnes ni nues ni cagoulées, vêtues tout à fait normalement pour peu qu'on ait été projetés en 1973 quelque part du côté de l'Utah. La plupart des femmes avaient les cheveux très longs, les hommes portaient presque tous des barbes et des bretelles. Ça sentait l'encens d'église, ce qui était normal puisqu'un type en kimono blanc jetait des poignées de cristaux de résine dans un petit braséro. Quand j'ai vu le dolmen, au milieu de tout ce folklore, j'ai compris. La photo sur le tract était minable, mais très représentative.

C'était une espèce de table à trois pieds : trois pierres d'un bon mètre de hauteur, sur lesquelles une bande de pithécanthropes avait posé, sept mille ans plus tôt, un gros caillou plat. On nous a allongés dessous et les processionnaires se sont donné la main. J'ai vu l'homme au kimono abandonner son braséro pour grimper sur le mégalithe, et j'ai espéré que l'édifice primitif n'avait pas traversé le temps pour s'effondrer aujourd'hui sur nous. C'est à ce moment que Carell s'est réveillé. Il a poussé une longue plainte, a regardé dans toutes les directions, puis sa plainte s'est amplifiée. La colonie en cercle autour du dolmen s'est penchée comme un seul homme pour voir ce qui se passait là-dessous et on a entendu la voix :

– Laissez, laissez ! Ils s'éveillent, c'est bien normal. Mes frères, mes sœurs, chers Nibiriens, nous voici arrivés dans la semaine du Centaure. De peu, de très peu, nous avons échappé à un terrible complot. Les ennemis sont à nos portes, mais nous veillons. Que les frères et sœurs qui ont participé à cette chasse soient ici honorés.

Les fidèles ont tous fait du bruit avec leur langue. La voix a repris :

– En ce jour de grâce, pensons à Yvette, à Jacques et à Étienne qui, à cette heure, sont toujours hospitalisés…

Bruits de langues. La voix a poursuivi et j'ai commencé à sentir des picotements dans tout mon corps. Dix ans auparavant, au cours d'une profonde crise d'antimysticisme – et parce que je n'avais surtout rien de mieux à faire –, j'avais appelé l'évêché de Bordeaux pour leur demander qu'ils me retirent de la liste des catholiques involontaires. Je supportais mal d'être amalgamé à cette bande de trouillards velléitaires sous prétexte que mes parents, six mois après ma naissance, m'avaient conduit au curé et à ses huiles saintes. Le préposé au service après-baptême avait tenté de rattraper le coup, mais le ton de ma voix l'avait sans doute convaincu qu'il était inutile d'insister : j'étais perdu et voué à la destruction. Deux semaines plus tard, je recevais une lettre officielle m'informant que je ne comptais plus au nombre des catholiques de France et que, s'il me prenait l'envie de rejoindre à nouveau le troupeau, il me faudrait repasser par les fonts baptismaux. C'est dire ce que je pensais des religions dans leur ensemble et des sectes en particulier. Comme tout bon suppôt de Satan qui se respecte, je suis donc rapidement entré en ébullition et, tout en gardant le contrôle de moi-même, j'ai demandé :

– Excusez-moi ! Ça vous ennuierait beaucoup de nous faire sortir de là ? Parce qu'en ce qui me concerne, j'en ai rien à foutre de vos conneries.

Je crois que c'est Carell qui m'a fait « Chut ! ». Après, le type en kimono est descendu de sa pierre, il s'est penché sous le dolmen et il m'a regardé droit dans les yeux. J'ai vu qu'il portait des lentilles parce que c'était impossible d'avoir les yeux jaunes avec une pupille rectangulaire comme les chèvres. Sans doute pour faire bonne mesure, il portait une petite barbichette blanche…

– Qu'est-ce qui vous prend d'interrompre mon sermon ?

… Et un long bâton crochu avec lequel il m'a donné un coup dans le genou.

– Aïeuuuu ! Tu m'as fait mal, sale con !

Un grand « Ooooh ! » de stupéfaction a secoué la petite assemblée. Un barbu a rompu le cercle, il a attrapé un fusil de chasse qui traînait par terre et s'est dirigé à grands pas vers moi. Le type au kimono ne s'est même pas retourné :

– Non, frère Pascal ! Non ! Ce n'est pas ainsi, dans cette famille, que nous traitons les importuns.

– Il vous a insulté, Sire !

Sire Karatéka s'est enfin tourné vers l'homme au fusil et a ouvert son kimono pour lui présenter son buste.

– Est-ce que ça m'a fait mal ? Est-ce que tu vois une blessure sur ma peau ?

– Euh… non, Sire.

– Si toi tu m'avais dit la même chose, alors oui, j'aurais une marque. Elle serait indélébile et me ferait terriblement souffrir. Or, tel que tu me vois, je n'ai rien. Rejoins ta place et ne t'avise pas de briser à nouveau le cercle ou il t'en coûtera.

Le type a posé son fusil contre le dolmen et est retourné donner la main à ses compagnons qui le toisaient comme s'il avait subitement contracté la lèpre et le virus Ébola. Le Grand Maître nous a regardés de nouveau, il a souri et, d'une voix tellement sépulcrale que j'ai cru qu'il avait avalé un vocoder, il a prononcé :

– Car vous paierez le fruit de vos insanités, car vous verrez dans le sang le regard de vos frères…

Les uns après les autres, les communiants ont repris en chœur :

– … car chaque instant du reste de votre vie sera souffrance, car chaque seconde passée sur cette Terre verra mourir l'un de vos enfants avant vous, car vous voudrez mourir vous aussi et nous ne l'accepterons pas, car nous n'acceptons plus rien de ce monde, car nous sommes et parce que nous sommes personne.

Un long silence a suivi. Tous avaient fermé les yeux et baissé la tête. J'ai balancé mon pied au jugé, l'homme au kimono l'a pris à l'angle du maxillaire et a reflué vers l'extérieur. Des femmes se sont portées à son secours, des hommes ont couru dans tous les sens. Carell avait bondi en même temps que moi et désormais le fusil était entre ses mains. Du pur Rick Hunter. Il n'a pas tiré un coup de feu, mais en moins de trois minutes, il ne restait plus dans la clairière que le chef de meute et trois de ses impétrants, dont Emmanuelle. Dans le lointain, des portières claquaient, des moteurs démarraient, ça s'enfuyait comme des cafards dans la lumière. Carell rayonnait. Il m'a regardé, j'ai vu briller un truc dans ses yeux que je n'ai pas dû bien interpréter parce que je me suis mis à courir.

– Hé ! Qu'est-ce tu fous ? Où tu vas ?

Je me suis arrêté net.

– Mais, on s'en va. T'as prévu autre chose ?

Carell n'a pas répondu et s'est contenté de sourire, ce qui devait vouloir dire « oui, en effet ». Ensuite, il a tourné son fusil vers Emmanuelle et d'une voix très virile, lui a demandé de se déshabiller. L'infirmière a aussitôt serré les bretelles de sa robe autour de ses épaules en faisant obstinément non de la tête. C'était un fusil de chasse avec, normalement, deux cartouches à l'intérieur. Carell aurait tiré dans les branches au-dessus de lui si je n'étais pas intervenu.

– Gaspille pas !

Il a compris et s'est rapproché du Sire pour lui poser le canon de l'arme sur le front. Il a relevé les deux chiens. Le visage soudain crayeux, le type a été pris de tremblements et a joint les mains. Emmanuelle a aussitôt retiré sa robe pour nous infliger la vision de son corps.

– O.K. ! Les deux autres là, pareil !

Les deux bûcherons qui n'avaient pas eu le temps de s'enfuir ont rapidement quitté leurs salopettes, puis, après hésitation, leurs chemises à carreaux et, enfin, leurs slips. Ils se sont redressés, mal à l'aise, la présence du fusil ne leur réussissant guère. Le plus jeune a voulu mettre sa main devant son sexe, mais Carell a fait « Tss, tss ! ». J'ai réalisé alors que j'allais assister à un *one girl-two guys*, là, devant moi. J'en avais vu un certain nombre sur Internet, mais l'idée de devoir subir la vision de l'autre tromblon assaillie par deux poilus creusois ne m'enchantait guère. Sans compter que j'ignorais totalement ce que Carell comptait faire du grand sachem.

– Euh… Carell, je vais aller faire un tour, si tu permets.

– Ah ben non, attends. On va se marrer.

Carell s'est alors retourné, corps et arme, vers Mister Kimono, et a constaté que ce dernier tentait de prendre la tangente en rampant sur le bout des coudes.

– Où tu vas toi ? Hé ! mon Père, je te parle ! Comment tu t'appelles ?

Le gourou s'est immobilisé en baissant la tête, avant de dire posément :

– Je suis personne.

– O.K., commandant Personne. Vire tes fringues, toi aussi.

J'ai donc fait comme j'avais prévu, je me suis éloigné alors que Carell faisait rentrer ses quatre nouveaux amis sous le dolmen et distribuait les rôles. J'ai commencé à chercher des champignons avant de me rendre compte que ce n'était pas de saison et que, quoi qu'il en fût, j'aurais été incapable de différencier une pleurote d'une amanite tue-mouches.

Tout cela a quand même pris une bonne heure, avant que j'entende le premier glapissement annonçant la fin de la partie fine sous caillou. Je revenais vers la clairière quand j'ai aperçu le gourou et ses deux acolytes ressortant penauds, vexés, sans un regard les uns pour les autres. Assise sur une souche, son chemisier posé sur les épaules, Emmanuelle avait visiblement été exclue des ébats. À moins qu'elle n'ait servi de courroie d'entraînement pour les préliminaires. Carell suivait, ravi, le fusil au creux du coude comme un vrai chasseur du dimanche. Au point que je me suis demandé s'il n'avait pas quelque goût inavoué pour les liaisons homosexuelles.

– Alors, qu'est-ce t'en penses, mec ? C'était éthique, non ?

Le gourou aurait voulu disparaître, mais il avait moins de pouvoir qu'il ne l'avait conté à ses ouailles. On les a laissés partir et on a gardé l'une de leurs voitures. Une coréenne au nom imprononçable.

Ils ont mis à peine trois jours pour nous retrouver. Et là, ce n'était déjà plus la même bière.

À la droite de Carell, la grille du parapet est éventrée et pend sur plusieurs mètres au-dessus de l'autoroute, comme le galon décousu d'une robe. Je me penche en avant en m'agrippant à la rambarde. Elle branle sous mon poids. Je regarde en bas et je vois.

Un camion arrêté en travers de la chaussée, sa double remorque en accordéon et, plantée dans le toit de la première, l'arrière d'une voiture bleue. Un bleu vif, comme on n'en fait certainement plus depuis des lustres. Il s'agit d'ailleurs d'une vieille voiture, si j'en juge par la forme angulaire du hayon arrière. J'ai du mal à déterminer le modèle mais elle me rappelle quelque chose. Peut-être que mon père en a eu une, je ne sais plus. Ou moi, un jour, bien que je n'aie jamais possédé de voiture en propre. C'est confus.

Carell continue de dire : « Oh ! enfiii ! » à quelques mètres de moi en regardant le carambolage. En me regardant moi. En regardant le carambolage. Au loin, une série de panneaux surplombent les voies de droite.

Trop éloignés pour que je distingue ce qui est inscrit dessus. Je ne sais pas où nous sommes, nous avons tellement roulé depuis l'incendie, eu tellement de disputes pour savoir quelles routes il fallait prendre.

Quelque chose en moi ne veut plus se souvenir.

Les tripes

km 2194

Je ne m'étendrai pas sur les deux jours qui ont suivi cet épisode disgracieux. Si ce n'est pour dire que nous en avons ri, Carell et moi, tout en slalomant vers la Méditerranée. Carell y revenait sans cesse quand il trouvait le silence embarrassant. Je participais de bon cœur parce que l'angoisse me rongeait et que je cherchais une échappatoire. Une bonne rigolade, bouche ouverte, il n'y a rien de mieux. Dans une station-service où nous nous arrêtions pour faire le plein – le croiriez-vous, dans le sac de femme oublié dans la voiture, une carte bleue était encore enfermée dans l'enveloppe de la banque, et sur l'enveloppe on avait inscrit le code à l'encre Bic ? –, j'ai tout de même acheté un pack de bières et une dizaine de bouteilles de vin. Je savais très bien que je ne me débarrasserais pas seul, ni avec toute la bonne volonté de Carell, de cette dépression. Elle était là, enkystée dans le creux de mon bide depuis trop longtemps, je n'y pouvais rien, à part tenter de la chasser par à-coups, notamment en suivant aveuglément un polycriminel. Je m'étais toujours vu en alcoolique mondain, mais mes récents exercices soûlographiques se déroulaient plutôt en solo, l'après-midi face à ma télé, pendant que Marie était à son travail. La présence de Carell aidant, mes éclats de rire du moment prirent le goût du houblon, puis celui du raisin.

Nous eûmes tout de même une altercation quant à la route à suivre qui prit une ampleur inattendue. Tout avait commencé par un cri du cœur quand Carell était tombé sur le range-CD de la voiture :

– Oh ! enquiiii ! Elle a tous les disques de Johnny !

Et derechef d'en glisser un dans l'autoradio, ce qui m'avait fait bondir.

– Ah, non !

Trop tard, l'intro venait de commencer – guitare sèche, basse lourde, slide guitare et des nappes de synthétiseur partout où il aurait pu y avoir un trou. J'avais bien l'intention de bousiller l'instant, d'autant que je savais pertinemment que cette saloperie allait revenir me hanter un nombre considérable de fois au cours des prochaines vingt-quatre heures. J'étais ainsi constitué que les pires chansons du répertoire français m'imprégnaient sans que j'aie rien demandé, comme si j'avais eu un juke-box à daubes caché quelque part sous mon crâne. Sardou y tenait une place de choix, juste avant Florent Pagny, Indochine et Mylène Farmer. C'était injuste quand on avait, comme moi, la prétention de se trouver une oreille absolue :

– Enfin, mais qu'est-ce que vous avez tous avec ce type ? C'est de la merde.

– T'as pas le droit de dire que c'est de la merde.

– Et pourquoi j'aurais pas le droit ?

– Moi, on m'a appris qu'il faut dire qu'on aime pas, mais on dit pas c'est de la merde. Parce que c'est pas respectueux pour ceux qui aiment.

Effaré, je l'ai regardé. Il avait l'air incroyablement grave.

– Non, mais t'es sérieux là ?

– Pourquoi ?

– Qu'est-ce que c'est que ce discours pourri ? C'est ça le seul principe que tes parents ont réussi à coller dans ton crâne plein de flotte : « Faut pas dire du mal de Johnny Hallyday » ? Johnny Hallyday, c'est de la merde, point barre. Si tu l'aimes, ça te regarde, n'empêche que c'est de la merde. J'ai parfaitement le droit de le dire.

– Ben non, t'as pas le droit, justement. Si c'était de la merde, tu crois qu'y aurait autant de gens qui achètent ses disques, hein ? T'as vu le monde qui va le voir en concert ? T'en dis quoi de ces gens ?

– J'en dis pas grand-chose, Carell. Juste qu'ils ont des goûts de merde.

– Enfiiiii ! Mais tu peux pas dire un truc pareil !

– Mais si. Dans ce pays, c'est quasiment une faute antipatriotique de dire qu'on n'aime pas Johnny, alors que ce con est français quand il s'agit de chanter pour la droite, mais belge quand il faut payer ses impôts.

Avec toute la thune qu'il prend à tous ces crétins qui courent acheter ses disques, me dis pas que c'est un chic type. Non mais, écoute : *« Quand tu n'te sens plus chatte, et que tu deviens chienne, et qu'à l'appel du loup, tu brises enfin tes chaînes... »* Ho ! tu réalises l'état du cerveau qu'a pondu un tel scandale poétique ?

– N'empêche que tu peux pas dire que c'est de la merde.

– Ben, si.

– Ben moi, je dis que non, alors tu le dis pas.

– Johnny Hallyday, c'est de la merde !

– T'as pas le droit.

– *« Quand mon corps sur ton corps / Lourd comme un cheval mort... »*, excuse-moi !

J'aurais pu continuer ainsi pendant des heures et il aurait suivi. Mais à mi-parcours, une fourche apparut dans l'itinéraire. Nous avions le choix entre deux destinations : le Sud-Est ou bien le Sud tout court. Carell voulait que l'on reparte sur Donzère où nous attendait toujours notre McGuffin : le Crédit mutuel. Quant à moi, je voulais descendre directement sur la Méditerranée où il y avait non seulement des banques à foison, mais aussi des casinos.

– Qu'est-ce tu veux foutre d'un casino ? Pas le braquer quand même, si ?

Je n'avais pas prévu cette question. Je pensais que ça ferait juste *tilt* puisque j'avais pris un ton entendu pour prononcer le mot : casino. Raté. Je me retrouvais donc seul avec mon casino, à devoir expliquer.

– Écoute, si on est capables de faire sauter une banque, on est capables de faire sauter un casino aussi. Alors, autant joindre les deux potentiels, tu crois pas ?

Mon but était de ne rien braquer du tout, plutôt de descendre tout droit, de sortir tout un tas de prétextes pour ne trouver aucune banque, aucun casino satisfaisants et, petit à petit, de glisser vers l'Italie, de passer la frontière et de rester là-bas le temps que cette histoire se tasse. Je n'étais jamais allé à Rome, par exemple. C'était mon nouveau McGuffin. Rome, le Panthéon, la fontaine de Trevi, le Colisée, la villa Borghese. Parce que, entre l'incendie, la vieille catin, l'accident et la partouze homo sous le dolmen creusois, nous n'avions plus aucun joker dans notre jeu. Le mieux, donc, était encore l'étranger et ses splendeurs, Carell et moi noyés dans la masse compacte des touristes. On n'avait toujours pas allumé la radio, mais il y avait fort à parier que nos cas se soient grandement aggravés.

– Mais t'es complètement con ! Les casinos sont tenus par la mafia. La mafia, ils tuent comme ils toussent, ils t'égorgent, ils te sortent la langue par le gosier et ils te jettent dans le port de Marseille avec une brouette pleine de béton attachée aux pieds, et t'es même pas encore mort qu'ils sont déjà en train de se taper ta mère, ta femme, ta fille et tes petites cousines. Et toi tu voudrais qu'on se fâche avec ces gens-là ? Non, mais t'y vas tout seul alors. Moi, je préfère Montélimar.

Il avait l'air terriblement effrayé. Son front avait grandi et s'était soudain embué de sueur. Ses yeux roulaient dans tous les sens. Il a mis son clignotant, s'est garé sur le bas-côté et a coupé l'autoradio d'une main tremblante.

– Qu'est-ce que tu fais ?

– Tu descends.

– Carell, tu plaisantes ?

Il n'avait pas l'air. Je me suis dit que ça ne pouvait pas être cette histoire de casino qui le mettait dans un tel état. J'étais sans doute allé un peu loin avec Johnny Hallyday. Après tout, ça ne faisait que cinquante ans que ce chanteur à la voix de scie sauteuse polluait les ondes et, à l'échelle des générations humaines, on avait peut-être mal anticipé les retombées toxiques de ses chansons sur la partie la plus faible de la population. On allait bientôt être confrontés à une armée de fondamentalistes hallydiens semi-péroxydés qui, comme Carell, nous sauteraient à la gorge sitôt qu'on émettrait un soupçon de moquerie. Mais j'avais ma fierté. Alors je suis descendu sur le bas-côté de cette nationale où je voyais au loin deux panneaux : à gauche LYON, à droite NÎMES. J'ai testé la solidité du sol pour me donner une contenance et puis j'ai attrapé mon sac avant de jeter à Carell :

– Pas étonnant que t'aimes Johnny Hallyday : t'es tout juste à la hauteur de la connerie de ce pays, pauvre tache !

J'ai claqué la portière et j'ai traversé la chaussée pour tendre le pouce dans la direction opposée. Je jouais mon va-tout, mais j'étais tellement sûr de mon fait, tellement certain de mon emprise sur Carell que je suis presque tombé à genoux quand j'ai vu la voiture reprendre la route sans même qu'il m'ait jeté un regard. Je me suis traité de con. C'est tout ce dont j'ai été capable. Pour parfaire le tableau, il s'est mis à pleuvoir. Les bagnoles me passaient à côté en klaxonnant, pas une ne s'arrêtait, alors j'ai changé de côté. De rage. Je m'étais planté.

Carell était juste un connard quand moi j'étais un con. Carell était bas du front quand j'étais diplômé, cultivé, enfin un type normal qui menait sa barque comme il le pouvait. Carell ne réfléchissait pas, il avançait, et j'avais suivi parce que j'avais toujours été incapable de faire des choix et que je me sentais en sécurité dans le sillage de quelqu'un qui prenait les décisions à ma place. Tout ce que je devais à ce type, c'était d'avoir ajouté à mes propres problèmes une quantité astronomique d'emmerdements qui relevaient désormais des assises. Qu'est-ce que j'avais été parler de McGuffin à ce garçon d'une inculture crasse ? *« Quand on a fait l'amour, comme d'autres font la guerre, quand c'est moi le soldat, qui meurt et qui la perd... »* En plus, il m'avait contaminé.

La voiture coréenne arriva en sens inverse deux heures plus tard. Une chance que personne n'ait voulu me prendre entre-temps. Carell souriait derrière le pare-brise en brandissant une bouteille de vodka et une liasse de billets. Il venait de braquer une supérette, le coffre était plein de victuailles et d'alcool de grain. L'autoradio ne jouait plus du Smet mais un autre interprète au moins aussi fumeux.

– Le caissier était un gros con, je te jure ! Raciste en plus, alors que c'était juste un pauvre con de Chinetoque. Sans déc', les mecs, ils ont honte de rien !

Il en avait profité pour passer par une série de distributeurs et avait copieusement vidé le compte en banque de la Nibirienne avant de se faire avaler la carte.

km 2307

– Bon, voilà ce que je te propose…

On avait tout juste roulé cent cinquante mètres et on s'était arrêtés à nouveau sur le bas-côté. Devant nous, la bifurcation : Lyon et Nîmes. Carell a tiré le frein à main et il a dit :

– Bon, voilà ce que je te propose.

Ce qui faisait beaucoup de mots mis dans le bon ordre, une rareté. J'ai suspecté qu'il n'avait pas fait que braquer une épicerie et une volée de DAB. Il avait aussi dû trouver un Bescherelle et passer une bonne heure à construire son argument.

– Comme j'ai déjà dit, toi et moi, tous les deux ensemble, on a la superbaraka. Y a eu l'incendie, ensuite le motard, et puis après…

– J'étais là, Carell. Enchaîne.

Il m'a regardé et il a gonflé les joues, ce qui était nouveau aussi. Mine de rien il progressait, et je comptais que sous peu il pourrait faire passer un message profond sans même ouvrir la bouche.

– O.K., Vincent ! Je fais un pari avec toi. On allume la radio…

– Hors de question !

– Écoute-moi, bordel ! On allume la radio…

– On n'allumera pas cette radio tant que je serai dans cette voiture.

– … et on écoute le premier flash qui passe. Moi, je te parie qu'ils parlent même plus de nous. Mais bon, s'ils parlent encore de nous, j'ai perdu. Sinon, t'as gagné.

– …

– …

– C'est ça ton pari ?

J'avais dix ans la dernière fois qu'on m'avait fait un coup pareil. Il a dû trouver qu'un détail clochait, ce qui l'a beaucoup fait cogiter.

– Bon alors ?

– Attends, merde ! Je réfléchis… Non, c'est pas ça : s'ils parlent de nous… Ouais, voilà : s'ils parlent de nous, t'as gagné. S'ils parlent pas de nous, c'est moi qu'a gagné. C'est mieux, non ? Tu piges ?

– Et qu'est-ce que t'as gagné, au juste ?

– On va à Donzère et on se fait le Crédit mutuel.

– Carell, tu veux pas me lâcher avec ton Crédit mutuel ?

– Tu vas voir, j'y ai bien réfléchi, c'est une histoire de signes, hyperlogique. Ça fait deux semaines en gros qu'on fait des conneries à droite et à gauche et on s'est sortis de tous les trucs foireux qu'on a rencontrés. Je sais pas si t'as remarqué, mais on a pas vu un flic. Pas un !

– À part les deux à qui tu as volé la voiture…

– Tu commences à me dailler, là ! J'y viens ! C'est le premier signe. Ça veut dire que Dieu, eh ben, il a effacé l'ardoise.

Il a montré le plafond de la voiture et il s'est signé dans le mauvais sens. Avant de reprendre :

– Et que donc, le Crédit mutuel de Donzère il est juste pour nous et que ça va être du velours et faut qu'on y aille de suite. Maintenant, si j'allume la radio et qu'ils parlent encore de nous, c'est que Dieu a pas effacé l'ardoise. Et alors là, on descend sur la Méditerranée et on fait un massacre. Les banques, les casinos, les putes, les machines à sous, les grands hôtels, et la mafia au fond du port de Marseille avec des tas de brouettes aux pieds pendant qu'on va violer leurs femmes. On va les foutre en slibar, mec. T'es O.K. ?

Et il a allumé la radio. Avant que je réponde, que je lui tape dans la main en croisant les doigts, bref avant qu'on ait discuté du contrat. Il était vingt heures pile, Carell avait tellement répété son truc qu'il s'était même chronométré pour arriver au timing parfait. Je n'ai rien vu venir.

On a eu droit à tout : un étudiant américain qui avait plombé douze personnes dans un cinéma de Aurora, Colorado, le Président qui venait de dire que seule la France était responsable de la rafle du Vel' d'Hiv', les licenciements en masse chez PSA, tout. Tout sauf nous.

Pas un traître mot. Il avait déjà écouté les infos, ce n'était pas possible autrement.

– Whou-ou ! Donzère, on arrive !

– T'avais déjà écouté les infos.

– N'importe quoi !

Il a démarré, a enfoncé l'accélérateur, et j'ai dit :

– Tu vas prendre quels flingues ?

– Ben, ceux des deux flics, mon con.

Il a mis son clignotant à gauche pour prendre l'embranchement de Lyon.

– Tu veux parler des flingues que les Nibiriens nous ont piqués ?

Il a pilé net. La voiture qui arrivait derrière a juste eu le temps de faire un écart. Trop court. Son aile arrière a percuté la nôtre. Le type a voulu faire un constat. On est repartis au bout de trois minutes dans son Espace. J'ai eu cette idée, parce que je voulais qu'on parle de nous, qu'on ne nous oublie pas, je voulais faire la une, la deux, la trois, je voulais avoir ma tête en travers du journal, en travers d'Internet, en travers de tous les smartphones de l'univers, comme l'autre là-bas, dans le Colorado. Et tant pis pour l'éthique.

On roulait sans plus rien se dire, en direction de Lyon, donc. Il y avait peu de monde. Carell buvait une bière. Moi aussi. Il a roté, j'ai dit : « C'est juste immonde ! » Alors il a pété et il a fermé toutes les vitres d'un coup. Il a barri quand l'odeur s'est introduite dans le système de ventilation pour se propager aussi sec dans l'habitacle. Et puis il y a eu le flash de vingt et une heures. Le même qu'une heure plus tôt.

– T'as écouté les infos, je te dis, avant de me récupérer. T'es un menteur, Carell.

– Oh amiiii ! Tu me traites plus jamais de menteur !

Carell me menaçait de sa grosse main qui tenait sa canette de 8.6. J'ai reçu de la bière sur le visage. Il était tout pâle, les yeux lui sortaient de la tête et il semblait avoir beaucoup de mal à se contenir. Décidément, ce n'était pas notre journée :

– Je t'aime beaucoup, mec, vraiment vachement même ! Mais si tu me re-traites une fois encore de menteur, je te jure que je te…

Je ne saurai jamais ce que Carell comptait me faire si je le traitais à nouveau de menteur. La voiture s'est enfoncée d'un coup, le pare-brise a explosé, les airbags nous ont sauté au visage, un truc énorme est entré dans l'habitacle avant d'en ressortir immédiatement, propulsé par le choc. L'Espace a dévié sur la gauche, Carell a tenté de redresser, trop, on a viré brutalement à droite en roulant sur un obstacle qui nous a fait cahoter et on s'est finalement immobilisés en travers de la bande d'arrêt d'urgence.

– C'ÉTAIT QUOI ÇA ?!

J'avais du verre Sécurit entre les dents et je devais saigner du front parce que mes yeux se sont mis à coller. J'ai regardé Carell repeint de sang qui regardait dans son rétro. Il a tenté d'ouvrir sa portière, elle était bloquée. Il a détaché sa ceinture, escaladé les banquettes pour sortir par l'arrière. La mienne aussi était bloquée. J'ai vu qu'il y avait du sang partout. J'en étais aspergé sur tout le corps. J'ai entendu Carell hurler :

– OH, NOOOOOOOON !!!

Il était debout au milieu de la chaussée, et à ses pieds il y avait un corps. Une femme. Ou ce qu'il en restait. Le corps avait explosé sous l'impact. Les intestins lui sortaient du ventre, la cage thoracique était béante, au milieu des organes, ses vêtements tirebouchonnaient. Le visage aussi avait en partie disparu, mais pas ses yeux. Ils étaient grands ouverts. Je les ai reconnus immédiatement.

– Emmanuelle…

Carell s'est mis à genoux, il a pris la seule main intacte de la jeune femme et s'est mis à sangloter. J'ai regardé la route à droite et à gauche. Il n'y avait aucun véhicule à l'approche. À ce moment-là, j'ai vu le viaduc qui surplombait la nationale, cent mètres en amont. Et les deux types dessus qui s'enfuyaient en courant vers un véhicule. Le temps que je dise : « Hé ! Regarde là-bas ! », la voiture avait filé.

km 2353

On ne pouvait pas rester là. Une voiture viendrait et nous trouverait, pantelants, autour du corps défoncé d'Emmanuelle – qui était néanmoins plus attirante en vie qu'à l'état de steak.

– Oh ! Carell, t'entends ce que je dis ? Aide-moi !

On l'a prise comme on a pu et on l'a transportée jusqu'à l'Espace pour la rentrer dans le coffre. Quand nous l'avons lâchée, elle a émis un splotch de ventouse accompagné d'autres petits bruits glaireux. J'ai refermé le coffre. On a respiré :

– Bon, qu'est-ce qu'on fait ?

Carell n'allait pas bien. Je comprenais. Si l'on exceptait la manière dont elle nous était tombée dessus, la mort d'Emmanuelle m'était indifférente. Mais moi aussi j'aurais été peiné par le décès prématuré de l'une de mes petites amies, aussi passagère eût-elle été. Pour la seconde fois depuis que nous nous connaissions, il m'a pris dans ses bras. Je me suis laissé faire et il a pleuré. Dans la voiture suivante, il pleurait toujours.

J'avais à peine réussi à le distraire, le temps de trouver une solution. Je l'avais couché sur le bord de la route, à côté de l'Espace, et nous avions attendu comme des pêcheurs. Un break Mercedes avait fini par arriver avec une femme seule à bord, une chance – nous n'étions pas en état de mener une lutte acharnée, elle s'était laissée déposséder sans rien dire. Pas éthique. Juste nécessaire. Notre code pouvait se fendre d'une antépénultième exception.

– Allez, c'est bon ! C'était quand même pas la femme de ta vie.

– Si…

– Carell, elle s'est servie de toi.

– Non…

– Elle s'est servie de toi et t'as marché à fond dans la combine.

– Et si c'était vrai, cette histoire de planète ? T'imagines… ?

– Ah ! non, hein ? Tu vas pas recommencer. C'est des conneries pour les gogos de ton espèce, tu comprends ? T'y laisses ta peau dans ces histoires. Enfin, mais t'as vu ce qu'ils lui ont fait ?

– Ça veut dire quoi, gogos ?

– Laisse tomber. Passe-moi la vodka.

– Je l'ai oubliée dans l'autre voiture…

– Quoi ? ! T'as pris les courses au moins ?

– Ben non, vu qu'on a mis Emmanuelle dessus, je me suis dit…

– Et le fric ? T'as récupéré nos sacs ?

Il n'a même pas pris la peine de répondre. Nous n'avions plus de cigarettes, plus d'argent, la propriétaire de la Mercedes avait récupéré son sac à main et ni l'un ni l'autre n'avait réagi en la voyant faire. Elle n'avait laissé que deux trucs dans le coffre : un rouleau de sacs-poubelles et un pack de bouteilles d'eau. On s'est arrêtés sur une aire de repos déserte, on s'est nettoyés comme on a pu avec l'eau minérale, et puis j'ai guidé Carell jusqu'à un bled, plusieurs kilomètres en aval : Rochebonne.

La nuit commençait à tomber quand j'ai trouvé un champ à flanc de coteau avec vue panoramique sur le village, et à notre droite, les ruines d'un château dominant toute la vallée. On s'est garés, j'ai fait sortir Carell qui semblait passé en mode automatique, et je l'ai fait asseoir dans l'herbe.

En face de nous, le ciel virait au violet derrière les crêtes, il y avait quelques franges nuageuses où s'accrochaient les dernières lueurs du soleil. En temps normal, n'importe quel autiste en aurait eu le souffle coupé. J'ai fait semblant de m'émerveiller :

– Regarde comme c'est beau.

– Bof…

– Regarde bien. Tu vois le petit nuage tout rose là-bas, juste au-dessus de cette petite colline ? On dirait un… on dirait un oiseau, avec les ailes en arrière. Tu trouves pas ?

Il a relevé la tête et a regardé le crépuscule pendant quelques secondes, avant que ses yeux ne glissent vers le village en contrebas.

– Pourquoi y a toujours des cons pour massacrer tout ce qu'est beau ?

– Carell… Je sais que ça t'a mis un coup et je comprends. Mais Emmanuelle n'était vraiment pas une fille pour toi. Excuse-moi d'insister, mais elle était sacrément moche. Vois les choses en face. Qu'est-ce que t'aurais fait avec elle ? Un jour ou l'autre, elle t'aurait mis la honte et t'aurais même plus eu envie de la sortir. Tu vaux quand même mieux que ce tonneau, non ?

– Je te parle pas d'Emmanuelle. Je parle de ce truc, là-bas.

Il a pointé son doigt vers le bas de la vallée. Je l'ai suivi et j'ai vu : c'était un restaurant, ou une boîte de nuit, on distinguait mal le bâtiment. Ce que l'on voyait très bien, en revanche, c'était le nom de l'établissement, écrit en grandes lettres de néon rouges : LE SALOON. Carell avait raison. Comment un type normalement constitué avait-il bien pu vouloir à ce point bousiller le paysage avec le nom de son entreprise ? J'ai voulu poser la question à voix haute, parce que c'était un bon sujet de discussion, très éloigné de ses peines de cœur. Mais Carell ne regardait déjà plus l'enseigne. Il avait planté ses yeux sur le bout de ses chaussures, et il pleurait.

– Bon, écoute, ce soir je m'occupe de tout, O.K. ? Tu restes là et je vais faire les courses.

Il ne m'a même pas demandé avec quel argent. Il m'a laissé partir sans faire de commentaire. Je ne savais pas du tout comment nous procurer quoi que ce soit de comestible à cette heure, mais j'ai roulé.

Le Saloon était un restaurant. Un truc prétentieux au bord de la départementale, une sorte de maison de ranch sortie tout droit de la tête d'un type qui devait rêver chaque nuit des États-Unis sans y avoir jamais mis les pieds. Vu du parking, le néon juché sur le toit du bâtiment était impressionnant. Il baignait l'endroit de sa lumière rouge et se reflétait sur toutes les carrosseries parquées en dessous. De l'intérieur provenait une country insipide et des bruits de couverts entrechoqués. Il était vingt-trois heures, j'avais un vieux billet de vingt euros en poche, et le menu affiché à l'entrée m'a consterné. Le premier service était terminé, le personnel avait dû sortir les poubelles. J'ai fait le tour du restaurant et j'ai trouvé les conteneurs. En basculant le couvercle du premier bac, je me suis dit qu'il ne me manquait plus que ça comme expérience pour être tout à fait certain d'avoir touché le fond. Ce soir, j'allais devenir un glaneur. Ça m'a quand même fait quelque chose, mais la vision d'une demi-douzaine de magrets de canard encore ensachés dans leur film plastique m'a redonné du courage. Quand je suis revenu à la voiture, j'ai pensé à Carell, là-haut. Ce triste couillon devait être en train de pleurer son Emmanuelle en grattant l'herbe. Quand Marie m'avait jeté dehors, pendant quelques jours je n'avais eu d'appétit pour rien. Si ma pauvre mère m'avait cuisiné un magret, j'aurais considéré mon assiette pendant de longues minutes avant de la repousser.

Je suis ressorti de la Mercedes, j'ai regardé le néon du Saloon en songeant à *Mes chers amis*, ce film de Monicelli dans lequel une bande de copains, pour faire rire l'un d'eux qui vient de se faire plaquer, remontent en courant le quai d'une gare et giflent à tour de bras les passagers d'un train penchés aux fenêtres.

– Carell ? T'es où ?

À part les cigales, je n'ai d'abord rien entendu. Et puis un râle m'est parvenu, de l'autre bout du champ, là où je l'avais laissé en partant. Il était couché sur le ventre, la tête enfouie dans les bras, comme un môme abandonné par sa mère. Je me suis assis à côté de lui et je lui ai dit :

– Regarde.

– Quoi ?

– Ben, redresse-toi et regarde.

– Si c'est encore pour me faire voir un nuage à la con, c'est pas la peine…

Carell s'est péniblement redressé et il a suivi mon doigt jusqu'à l'enseigne du Saloon. Je m'étais vraiment cassé le tronc pour arriver à ce résultat, mais j'étais plutôt fier de moi. Monter sur le toit n'avait pas été une mince affaire, j'étais tout sauf un casse-cou, j'avais le vertige au-delà d'un mètre d'altitude et j'avais failli glisser plusieurs fois entre les tuiles. J'entendais grésiller les starters autour de moi, alors quand j'avais commencé à accrocher les sacs-poubelles à la barre du premier O de Saloon, je m'étais dit que j'allais griller comme un moustique.

– Alors ? Qu'est-ce que t'en penses ?

– Oh merde !

Il s'est à nouveau effondré dans l'herbe, s'est attrapé le ventre et a commencé à rire. J'ai regardé l'enseigne au loin qui, à cette heure, n'affichait plus *Saloon* mais *Salcon*. Et toute l'adrénaline que j'avais mise dans cette blague de carabin m'a quitté d'un coup.

À l'aube il s'est mis à pleuvoir. Je ne me souvenais même plus si on avait choisi Lyon ou Nîmes. À onze heures, j'avais déjà oublié la plaisanterie de la veille et je traînais un cafard indétrônable. J'avais envie de fumer, de boire du café, de dormir dans MON lit. Carell ronflait encore. Je suis parti me promener.

À l'entrée du village, je suis tombé sur une cabine téléphonique qui ne prenait que les cartes. J'ai cherché un bureau de tabac et j'en ai trouvé un où il y avait foule. Je me suis rendu compte que nous étions dimanche en regardant un journal. À la une s'affichait la photo de l'Espace mal garé sur la bande d'arrêt d'urgence. Le titre disait : « UNE AGRESSION ET UN MEURTRE ATROCES ! » Ça ne m'a rien fait. J'ai juste compris qu'on était dimanche. Dans la queue, les locaux ne me prêtaient aucune attention particulière, je me suis demandé qui j'allais appeler. Ma mère, ou Marie ?

Je n'avais toujours pas décidé quand mon tour est venu, encore moins quand j'ai eu la carte et un paquet de cigarettes dans les mains. J'ai commandé un café et me suis assis en terrasse, j'allais me donner un peu de temps pour réfléchir. Mais le temps filait et je ne décidais rien. J'ai joué ça à pile ou face et j'ai repensé à Carell avec son histoire de choix d'itinéraire. J'ai souri et puis plus du tout. Face.

J'ai rejoué. Face. J'ai rejoué. Face. J'ai considéré la pièce de cinquante centimes pour m'assurer que la Monnaie de Paris avait bien fait son travail et je l'ai relancée. Face. J'ai changé. Face, ma mère. Pile, Marie. J'ai jeté la pièce en l'air. Je l'ai mal réceptionnée. Elle a rebondi contre ma main, est tombée par terre et a roulé jusqu'aux pieds de la serveuse qui venait de sortir avec son plateau. La fille s'est baissée pour la ramasser, sa jupe est remontée sur ses cuisses et j'ai regardé ses seins derrière l'encolure un peu lâche de son T-shirt. Elle était jolie, jeune. Quand elle a redressé la tête, elle a vu mon regard et ne m'a pas souri. Je me suis fait la réflexion qu'on ne devenait pas charmant en atteignant la quarantaine, que ce n'était qu'une illusion rassurante pour vieux, et qu'à la vérité, à nos âges, les jeunes filles ne nous calculaient même plus. Elle a traversé la terrasse pour venir déposer la pièce sur ma table avant d'aller se réfugier à l'intérieur du bar-tabac. J'ai regardé la pièce : pile.

J'ai voulu composer le numéro du portable de ma mère, mais je me suis rendu compte que je ne le connaissais pas de mémoire. Mon autre mémoire, quant à elle, avait explosé sur une route de Gironde, depuis une éternité. Et puis j'ai repensé aux gendarmes et, de fil en aiguille, je me suis brutalement mis à douter de Carell.

km 2364

Parce que, si on faisait le compte, qu'est-ce qu'on trouvait ? Depuis que Carell avait abandonné la vieille Mindy à son sort dans les toilettes du routier, on avait cette secte sur le dos. Ça pouvait encore être le fruit du hasard qui, il est vrai, s'occupait bien de nous depuis le début. Mais après ? On nous avait suivis. Le motard. Le type sur le parking du motel. Le type dans la C4. Puis venaient les gendarmes à qui Carell avait subtilisé le véhicule. Là, déjà, ça faisait beaucoup. La moto à Montélimar, Emmanuelle, la bûche dans le nez. Comment nous avaient-ils retrouvés alors qu'on naviguait à l'aveugle dans des voitures volées assez anciennes pour ne pas être équipées de traceurs ? Que s'était-il passé pendant que j'étais dans les vapes ? Qui m'avait maintenu dans ce semi-coma jusqu'au retour chez les Niribiens ? Oui, ça devenait énorme dès qu'on prenait le temps d'y penser quelques minutes et d'aligner les événements.

Carell.

C'était le seul lien que je voyais avec eux. Après tout, je ne connaissais rien de ce type, sinon qu'il volait par compulsion, principalement des voitures.

Et des flingues… à des gendarmes.

Les flingues !

Comment Carell avait-il fait pour braquer une supérette alors que les deux Manurhins nous avaient été supprimés dès notre arrivée à Saint-Martial-le-Mont ? Hein ? Jamais je ne l'avais vu dans l'exercice de son art. Il trouvait toujours une voiture dans mon dos. Quel heureux hasard, non ? Et notre absence sur les ondes alors que, deux semaines auparavant, on s'apprêtait à devenir les ennemis publics numéros 1 et 2 ? Ça faisait beaucoup pour un seul type en apparence aussi limité que Carell. Je n'y connaissais rien en matière de sécurité intérieure, à part ce que j'avais ingéré de longues heures durant sur les chaînes documentaires – certes en sirotant de la bière. Mais je savais que dans ce pays, des types étaient en infiltration dans tout un tas d'affaires, de groupuscules, et auprès de prétendus activistes solitaires. Et pour ce que j'en savais, Carell aurait très bien pu être l'un d'eux – j'avais entendu dire que les agents de la SDIG pouvaient se glisser dans n'importe quel rôle, même celui d'un semi-psychopathe au Q.I. de poule. Je ne voyais pas très bien quel genre de cible j'aurais pu représenter pour ces gens-là et j'aurais bien voulu remettre ma paranoïa au lendemain, mais j'avais quand même beaucoup à perdre. J'ai payé mon café et suis retourné au champ, prêt à l'affronter et à lui faire cracher son paquet de Valda.

À deux cents mètres de notre campement, un 4×4 flambant neuf était garé à l'ombre d'un fourré. Personne à bord. Aucune trace de boue sur les ailes. Plaques minéralogiques en 23, avec inscrit en dessous, Garage Razadelestre-Aubusson. Je me suis approché, j'ai regardé à l'intérieur : un guide Michelin était ouvert sur une carte de la région. Pas très technologique, mais je me suis dit qu'on approchait du dénouement. Quel était le meilleur moyen de procéder ? Y aller au flan ou par-derrière ? C'est l'arrivée d'une deuxième voiture qui m'a fait opter pour la seconde option. J'ai plongé dans l'herbe et rampé sous le 4×4. La voiture s'est garée de l'autre côté de la petite communale et deux types en sont descendus. Je ne voyais que leurs jambes et leurs pieds. La paire de baskets noires a dit à la paire de richelieux un peu usée :

– Qu'est-ce qu'on fait ? On l'attend là ?

– Je sais pas. Je l'appelle.

La paire de richelieux a fouillé dans ses poches. Il y a eu un silence, et puis :

– Oui, Sire, c'est Césaire. Où êtes-vous ?… Très bien… Nous sommes allés au village pour chercher l'autre, mais il était déjà reparti… Je ne sais pas, Sire… Oui, Sire, nous y allons… Bien Sire… Je m'en occupe personnellement, Sire… Je… Allô ?

– Qu'est-ce qu'il a dit ?

– Ben, il est pas trop content. Il veut qu'on retrouve l'autre avant qu'il soit là.

– Je t'avais prévenu, Césaire.

– Je sais.

– Qu'est-ce qu'on fait ?

– On y retourne, tiens.

Ils sont remontés dans leur voiture, ils ont fait un laborieux demi-tour et sont repartis. Bon, au temps pour moi, ce n'était pas des hommes de la surveillance du territoire. J'ai laissé passer cinq très longues minutes avant d'émerger de sous la voiture. Pas vraiment le temps de faire le point. Il fallait que je m'arrache de ce gourbi avant l'Apocalypse.

Carell ?

J'ai marqué un temps. Agent du renseignement ou pas, rien de ce que je venais d'entendre ne le disculpait. J'allais faire sans lui. Même si j'avais un doute sur la réalité de mes craintes. J'ai sauté dans le fossé et j'ai couru, plié en deux. L'idée était de trouver au plus vite un chemin transversal puis une forêt suffisamment dense pour qu'ils ne me retrouvent pas. J'y passerais la nuit s'il le fallait, mais je ne voyais pas d'autre solution. Je me suis donc sauvé comme un pleutre, en trébuchant dans les herbes longues qui se prenaient à mes chevilles comme des filaments de méduses. Parfois, un trou d'eau ou de vase tentait de me retenir, je faisais bondir des rainettes, deux fois j'ai perdu mes chaussures. J'étais épuisé, et aucun chemin en vue. Quand je suis remonté sur le bord de la route, j'avais à peine parcouru cent mètres. Ridicule. J'étais en nage. Mes poumons sifflaient *Ramona*, mes jambes ne me portaient plus et j'étais juste en face du champ, à un jet de pierre du break Mercedes. L'endroit était désert et silencieux. La voiture fermée. Pas de Carell, pas d'ennemi non plus. Juste un cri, au loin. J'ai avisé un bois, en contrebas du pré d'où un autre cri a surgi. Carell.

J'ai cherché un moyen de les contourner pour les prendre à revers. Mais avec quoi ? Un bout de bois ? Non, il me fallait une arme. J'ai additionné les pauvres éléments que j'avais à ma disposition, autant dire rien à part mes bras tout mous et ma capacité à m'énerver tout seul. Ça n'aiderait en rien. Peut-être avaient-ils des armes dans la voiture ? *« Bien entendu. Ils en ont tellement qu'ils en laissent dans le coffre parce qu'ils ne peuvent pas tout porter. Trouve autre chose ! »*

On était à la campagne. J'ai cherché une ferme. Dans les fermes, on stocke toujours un tas de matériel agricole dangereux s'il est mal manipulé : des faux, des faucilles ou simplement un tournevis, une tronçonneuse, à défaut un tracteur pour les écraser. Autant d'idées débiles qui me tenaient pendant que je courais comme un dératé, au milieu de la route, me retournant sans arrêt pour voir si personne n'arrivait. J'en ai trouvé une, deux kilomètres plus loin, avec deux énormes bâtards qui montaient la garde en bramant derrière la grille fermée. J'ai couvert un autre kilomètre avant de trouver une vieille bâtisse en torchis qui devait dater de trois siècles. Pas de chien, portail ouvert, personne en vue. Je suis entré. J'ai fait le tour en me cachant derrière les murs, en tendant l'oreille. Personne. J'ai regardé par les fenêtres. Dans la cuisine, un poulet rôti attendait au centre d'une table dressée, mais seules les mouches s'en régalaient. Au fond de la cour, il y avait un petit hangar vers lequel je me suis propulsé. C'était un garage, avec deux tracteurs garés sous l'auvent. La porte était fermée à clé. J'ai regardé à travers le carreau crasseux et j'ai vu : deux fusils sur un râtelier.

Je suis revenu au champ en courant, les deux armes sous les bras, des cartouches plein les poches. Je ne m'étais jamais servi d'un fusil, mais ça paraissait d'un maniement rudimentaire. Trois voitures attendaient maintenant sur le bas-côté de la route. Dans le champ, quatre types descendaient paisiblement vers le sous-bois. J'ai armé les chiens et je me suis élancé.

km 2364,1

Ce fut un moment très cinématographique, comme je les aime quand je ne les vis qu'à travers l'écran de ma télé. Il y avait ces quatre types qui descendaient vers le bois d'un pas tranquille, un peu distants les uns des autres, le commandant Personne en tête, les mains caressant les épis de blé sauvage. De loin, ils avaient l'air d'inoffensifs hippies cherchant un terrain où établir leur kibboutz. Et moi qui arrivais dans leur dos en courant comme un dératé, fusil au clair.

J'ai fauché le premier d'un coup de crosse dans la joue. J'ai entendu craquer les molaires. Il s'est effondré en silence. J'ai bifurqué en direction du deuxième, à vingt mètres sur la gauche. Lui m'a vu venir à la dernière seconde, ce qui lui a laissé le temps de donner l'alerte avant de ramasser en plein visage le canon qui lui a fait éclater les lèvres, les gencives, les dents de devant et le nez pour le même prix. Il a valsé en émettant une sorte de « Gronff ! ». Le troisième s'est retourné pour voir ce qui se passait. J'arrivais sur lui quand il a sorti un pistolet.

J'ai marqué un temps d'arrêt dans ma course parce qu'il était déjà en train de pointer l'arme sur moi. Il a pressé la détente. Le flingue s'est enrayé ou le cran de sécurité était encore en place, je ne sais pas, mais rien n'a jailli. Du coup, j'ai repris appui sur mes talons. Il s'est mis à courir en hurlant un truc que je n'ai pas compris. Dans mon champ de vision, au loin, j'ai vu le Grand Maître se retourner vers nous puis déguerpir dans la direction opposée en hurlant lui aussi. J'ai fait un croche-patte au fuyard, et quand il s'est étalé j'ai brandi l'un des deux fusils au-dessus de moi et le lui ai fracassé entre les omoplates. J'ai pris quelques secondes pour souffler et j'ai regardé en direction du bois. Le gourou était en train d'y entrer. Il a glissé sur les fougères puis s'est relevé pour disparaître derrière le rideau d'arbres en hurlant :

– Au secours ! Où êtes-vous ?

Sa couardise m'a remis en jambes. S'ils étaient tous comme lui, j'allais vaincre. J'ai pris la tangente, suis entré dans la forêt juste en face de moi et planqué derrière un mûrier. Je ne respirais plus, la gorge en fusion. J'ai entendu :

– On est là ! Qu'est-ce qui se passe, Sire ?

– Taisez-vous, il y a l'autre !

Le silence est retombé. Je recouvrais mon souffle, lentement. J'ai sorti la tête du fourré. D'abord j'ai vu une succession de troncs. De sombres lignes verticales qui se superposaient pour former par endroits des murs opaques. Je me suis dit que si je ne les voyais pas, selon la vieille technique du pas vu pas pris, ils ne me voyaient pas non plus. Je suis donc sorti de derrière mon buisson pour changer de perspective. L'écorce de l'arbre près de moi a éclaté. La détonation est venue juste après. J'ai pris des esquilles de bois dans le visage et je me suis jeté au sol. À deux mètres de moi, un second tir a projeté de la terre dans tous les sens. J'ai roulé sur moi-même pour m'abriter derrière un tronc couché. J'avais dû voir ça dans un téléfilm de Chuck Norris un soir de perdition et c'était resté coincé dans la case survie de mon cerveau – on néglige trop souvent la formation accélérée au combat qu'induit ce genre de programmes inesthétiques. J'ai posé le canon d'un des deux fusils sur le bois et j'ai commencé à observer le terrain.

« Le Far West, mec, c'est le putain de Far West ici ! » Voilà ce que je me suis dit et qui m'a excité deux ou trois secondes. Après, la peur m'a saisi. Ils étaient au moins trois, avec au moins une arme à feu. J'étais tout seul dans une forêt d'où ils pouvaient surgir à tout instant pour fondre sur moi et en finir. J'ai jeté un coup d'œil dans mon dos. Personne pour le moment. Mais dans le champ, j'avais laissé trois types dont un avec un pistolet. Alors la peur, oui.

– Attention, Vincent, ils arrivent !

C'était la voix de Carell.

Comment ça, « ils arrivent » ? J'étais censé faire quoi de cette information ? Tirer pour défendre ma peau ? Tuer un homme, deux, peut-être trois ? ! On conviendra qu'il est bizarre de s'interroger sur une telle fatalité alors qu'on vient de voler deux fusils dans une ferme pour secourir un ami. Je n'ai pas eu le temps de me résoudre à quoi que ce soit. J'ai entendu des pas dans ma direction. J'ai vu le type arriver. J'ai tendu le fusil devant moi et j'ai tiré en fermant les yeux. La crosse s'est enfoncée douloureusement dans le creux de mon épaule. Le bruit de la détonation a d'abord couvert son cri. Mais quand l'écho s'est éteint, je l'ai entendu piailler. J'ai rouvert les yeux. Il était là, à une dizaine de mètres, à terre. Ses jambes et ses bras s'agitaient dans tous les sens comme s'il était tombé en continuant de courir.

– Ouais, mec, t'en as eu un !

Carell, à nouveau. Sa voix semblait rebondir à travers la forêt. J'étais incapable de la localiser.

J'ai cassé le fusil pour recharger. En glissant la cartouche dans la chambre fumante, j'ai entendu des pas précipités sur ma droite. Le temps de redresser la tête, une silhouette disparaissait derrière un arbre. J'ai visé l'arbre mais je tremblais. J'ai tenté de bloquer ma respiration en me disant : *« Il faut que tu leur envoies ce signal, Vincent ! »* J'ai tiré, toujours à l'aveugle. Un réflexe. Je me tétanisais dans l'attente de la détonation et quand elle surgissait, j'avais envie de tout lâcher et de m'enfuir en courant. Le type à terre s'est aussitôt remis à crier. On l'a laissé faire. Comme une trêve. Il s'est calmé. Je me suis dit : *« Nooon, il est mort, ce con ! »* Mais son corps a été secoué de nouvelles convulsions. Ses mains et ses pieds semblaient creuser la terre et il n'émettait plus que de petits glapissements.

– Vous ne pouvez pas le laisser ainsi, compagnons !

La voix du commandant Personne venait d'en face. Calme. Forte mais calme. À l'abri derrière ses sbires qu'il envoyait à la saignée, il avait recouvré sa superbe.

– Il va falloir que vous l'acheviez. Il souffre trop et les secours n'arriveront jamais à temps.

– C'est vous qui l'avez amené ici. Faites-le vous-même !

J'avais du mal à retenir mes larmes, ma voix sortait mal, moins assurée que je ne l'aurais voulu.

– Te laisse pas faire par ce bâtard, mec !

Qu'avaient-ils fait de Carell ? Il hurlait, quelque part alentour, invisible. N'étais-je pas tout bonnement en train de tomber dans un piège ? J'ai tenté de me calmer en me disant que le complot auquel j'avais songé plus tôt n'était pas possible. Je n'étais personne, comme les fidèles de l'autre abruti le proclamaient si bien. Je n'avais aucune espèce de valeur. J'avais été tour à tour pianiste, puis dentiste, puis dentiste avorté et pianiste perdu. Pourquoi aurait-on voulu faire de moi quelqu'un qui méritait d'être poursuivi ? Dans ce cas, Carell représentait la même chose que moi. Nous étions un duo d'imbéciles qui s'étaient trouvés au mauvais moment au mauvais endroit, selon la formule consacrée : le routier à la frontière de la Creuse. Voilà, c'était tout, il ne fallait pas chercher plus loin.

– Vincent ! Il faut que vous fassiez ça pour lui. Pensez-y !

– Espèce de gros porc ! Ils le savent, tes fidèles, que ta planète de mes deux n'existe pas et que tu comptes te barrer avec leur pognon ? Hein ?

– Ne parle pas de ce que tu ignores, compañero.

– Ah ouais ? Et tu leur prends combien à chacun pour faire partie de ton Église ? C'est gratuit peut-être ?

– Les nourritures terrestres n'ont que peu d'intérêt pour nous.

– N'importe quoi ! Hé ! les gars ? Combien elle vous coûte à l'année, cette saloperie de secte ? Est-ce qu'une fois seulement ce type vous a aidé à payer une facture d'électricité ?

Parler m'avait toujours réussi. Au bac, j'avais tout décroché à l'oral, à la fac pareil. J'étais capable d'embrouiller un jury avec mon bla-bla. J'étais un grand orateur, il suffisait d'y croire. Ça faisait toujours moins de dégâts qu'une cartouche de 12.

– Qu'est-ce que vous croyez ? Il est où le vaisseau spatial qui va vous éloigner de la Terre quand Nibiru arrivera ? Il vous l'a montré ? Vous l'avez vu ? Les Américains mettent des mois à faire décoller une putain de navette, alors vous imaginez…

Une branche a craqué derrière moi. J'ai roulé sur le côté et j'ai pointé mon fusil. Le Nibirien était à cinq mètres, son flingue braqué à deux mains. Blanc comme plâtre, il tremblait de partout. La trouille lui paralysait les yeux qu'il s'obligeait à fixer sur moi pour se donner du courage. Mon double exact. Un type à peu près honnête qui avait suivi le fil d'une histoire qui ne lui appartenait pas.

– Fais pas ça, mec. Fais pas ça.

Je l'ai vu se tendre et commencer à fermer les yeux. J'ai voulu garder les miens ouverts, mais ils ont cligné quand j'ai pressé la détente. L'espace sonore autour de moi s'est brusquement compressé. Il a fait un soleil et son corps est retombé face contre terre. L'arbre derrière lui était couvert de sang.

– Oh putain, il a flingué Césaire ! CÉSAIRE !

J'étais sonné. Les voix que j'entendais me parvenaient derrière un sifflement strident qui m'emplissait le cerveau. J'avais rayé de la carte deux types, coup sur coup. J'en étais arrivé là. Ce n'était pas horrible, c'était juste impensable. J'avais voulu une vie que je n'avais pas été capable d'assumer, je ne m'étais donné les moyens de rien, et j'avais coulé à pic jusqu'à cette forêt où je venais de tuer deux hommes. Il n'était plus question de chance. Elle m'avait fui comme les puces fuient le cadavre d'un chien. Le road movie venait de tourner court parce que tous les road movies finissent mal. J'ai entendu Carell s'esclaffer :

– Ouais, mec ! Ouais ! Continue ! Dézingue-moi tous ces connards… Allez ! Il en reste plus que quatre…

Quatre ! Mais d'où étaient-ils sortis ? Les oiseaux se sont remis à chanter, d'un coup. Ils devaient faire la même chose en période de chasse. Leur vie reprenait son cours en attendant la prochaine déflagration. J'ai entendu quelqu'un courir. J'ai rejoint mon arbre en roulant en sens inverse et j'ai vu une silhouette qui s'enfuyait, à une trentaine de mètres. Quand le type est sorti du bois et qu'il est passé dans le soleil, il a jeté son arme par-dessus son épaule. Elle a brillé avant de rebondir et de disparaître dans l'herbe. Le gourou s'est mis à hurler :

– Fuis, sale Juif ! Fuis, catin de l'Occident ! Oui, fuis et tu mourras car je te retrouverai ! Et vous, ses compagnons, fuyez aussi et ma vengeance sera terrible !

En fin de tirade, sa voix brusquement grimpée dans les aigus s'est fracassée dans une quinte de toux de catarrheux. Sans doute est-ce ça qui a entraîné les autres. J'ai vu passer, aussi rapides que le premier, les deux suivants. Ils ont traversé à leur tour dans le soleil du champ et se sont enfuis comme des mouches sans même se préoccuper des blessés. Le dernier s'est arrêté et s'est retourné vers le sous-bois. Il a baissé la tête, lâché son arme, puis il est reparti.

Je suis sorti de derrière mon arbre, le fusil dressé devant moi.

km 2434

Il était allongé sur le dos, les mains jointes derrière la nuque, un épi de blé sauvage entre les dents. En souriant, il chantonnait l'*Adagietto n° 5* de Mahler. En d'autres temps et en d'autres lieux, peut-être que j'aurais pu discuter avec ce type. Sa barbichette se résumait désormais à un enchevêtrement de poils blancs se disputant l'étroitesse d'un menton en pointe. Il m'a regardé avec ses lentilles de chèvre, puis il est passé au *Chœur des esclaves* de *Nabucco*. J'ai lâché un fusil et j'ai épaulé l'autre. Au point où j'en étais, je pouvais bien m'en faire un troisième. Il a arrêté de chantonner, il est resté ainsi à me toiser. Pour finir, il s'est mis à pleurer. Sans doute que son monde à lui aussi venait de s'effondrer avec un peu d'avance sur le programme. Sans doute que, jusqu'au bout, il avait tenté de faire bonne figure, de se composer un personnage acceptable pour lui-même. Sans doute que c'était simplement un être humain, un peu plus doué que les autres, qui avait trouvé le moyen de soumettre une bande de chrétiens désillusionnés. Sans doute qu'il voyait dans les deux trous de mon canon le bout de son propre tunnel. Je ne sais pas, mais il a fermé les yeux et il a pleuré.

J'ai baissé les bras et je me suis éloigné. Je l'entendais chialer dans mon dos et en moi ma petite voix disait : *« Voilà, tu redeviens un homme de ton rang, avec une éducation et des principes. »* Alors, tout ça m'est soudain apparu comme une vaste farce, quelque chose que j'avais dû voir cent fois dans les films d'action de faible envergure que je m'infligeais régulièrement en biberonnant seul dans ma salle de bains pendant que ma famille dormait. Quitte à poursuivre dans les clichés, j'ai donc fait volte-face, je suis revenu vers le gourou, j'ai épaulé, il s'est recroquevillé. Et j'ai tiré. Sans fermer les yeux. Le plomb a soulevé une gerbe de terre à moins d'un mètre de son visage.

J'ai trouvé Carell rapidement. Ils l'avaient attaché à la fourche d'un arbre, les bras en croix, la gorge prise dans l'intersection de deux branches. Son pantalon était descendu sur ses chaussures et il évitait mon regard. On ne s'est pas parlé pendant plusieurs secondes. Et puis, il m'a dit d'une voix enrouée :

– Détache-moi, s'te plaît… et après tu me laisses faire, O.K. ? Regarde pas derrière moi, c'est tout c'que j'te demande…

Je l'ai détaché. La manœuvre a pris pas mal de temps parce que les nœuds étaient serrés et que je ne voulais pas lâcher mon fusil. J'avais du mal aussi à ne pas regarder par-dessus son épaule. Je voyais une branche qui semblait plantée dans son arrière-train. Quand les entraves ont fini par céder, il a levé les mains, l'une après l'autre.

– Maintenant tu te retournes, s'te plaît.

Je me suis retourné et je l'ai entendu gémir. Plusieurs minutes se sont écoulées avant qu'il ne retrouve une voix normale, quoique hachée par de douloureux soupirs :

– Mec, va falloir que tu m'aides pour un truc pas très cool. Mais d'abord, faut trouver une pince à épiler.

Je l'ai traîné jusqu'à la Mercedes, l'ai allongé à plat ventre sur la banquette arrière, et on est revenus au village en roulant très doucement. Il y avait une pharmacie de garde, mais le commerçant ne voulait pas nous ouvrir. J'ai parlementé pendant près d'un quart d'heure dans son interphone avant qu'il daigne descendre. Il a rançonné la pince à épiler, le désinfectant et les compresses stériles au prix du titane. En quittant Rochebonne, on est passés devant le *Saloon*. Au pied du bâtiment, un type manœuvrait la nacelle d'un élévateur pendant qu'un autre, bras croisés au milieu du parking, regardait l'enseigne éteinte en remuant la tête d'un air désespéré. Carell et moi avons décidé de nous imposer une distance de sécurité d'au moins soixante-dix kilomètres et une nouvelle voiture avant de trouver un autre campement pour la soirée.

– T'as douté de moi ?

– Pourquoi, j'aurais dû ?

– Fais pas le con. Tu sais très bien ce que je veux dire. Depuis que j'ai latté cette femme dans les chiottes, on nous court après. J'ai baisé Emmanuelle, elle nous a amenés dans sa secte…

– Et alors ?

– Ben alors, je me dis que de nous deux, c'est quand même moi qui attire la poisse, non ?

– Faudrait savoir, je croyais qu'on avait la baraka.

L'impression que j'avais eue, quelques heures auparavant, d'être au milieu d'un western trouvait son épiphanie dans ce nouveau paysage : on s'était posés dans une sorte de carrière perdue quelque part entre les falaises calcaires de la Drôme. J'avais fait un feu, sur lequel on était en train de griller des cuisses de poulet empalées sur des bouts de bois qu'on tendait au-dessus des flammes. À quelques pas de là, il y avait une retenue d'eau d'un vert à peine naturel. Carell avait plongé dedans sitôt que j'en avais eu fini avec ses échardes. Il n'avait visiblement pas retenu la leçon d'Emmanuelle sur la septicémie.

Et il s'est mis à rire. D'abord une sorte de hoquet, et puis ça a enflé en barrissement. Au bout de quelques secondes, il en pleurait.

– Qu'est-ce qui te prend ?

– Oh, mec, excuse-moi, j'arrive pas à m'arrêter…

– Tu peux m'expliquer ?

– C'est juste que…

Il a roulé sur le côté en se tenant les côtes. Souvent, dans ce genre de cas, le fou rire se communique. Là, rien. J'étais totalement étanche, il s'en est rendu compte. Il s'est calmé.

– C'est à cause de mon nom de famille…

Il a pouffé de nouveau et s'est excusé aussitôt en se bâillonnant d'une main épaisse :

– Voilà, parce qu'en fait, je m'appelle Lanusse. Carell Lanusse.

C'était moins l'effective association d'idées que la manière qu'il a eue de me l'annoncer qui m'a fait rire à mon tour. Il a prononcé son patronyme comme Sean Connery, Roger Moore, George Lazenby, Timothy Dalton, Pierce Brosnan et Daniel Craig avaient dit vingt-trois fois : *« Je m'appelle Bond. James Bond. »* J'ignorais pendant combien de temps encore nous allions dévisser dans cette aventure sans but, mais je savais déjà que ce type serait, pour le reste de ma vie, ce que j'aurais connu de plus important en matière d'amitié. Ainsi en rajoutai-je une couche dans la thématique des deux cow-boys solitaires perdus dans les replis crayeux de ce Monument Valley de fortune.

– Carell Lanusse, tu parles d'une franchise !

Plus tard, nous avons laissé le feu s'éteindre avant de nous enfermer dans les duvets trouvés dans le coffre d'une Subaru que Carell avait démarrée devant moi, sur le parking d'une grande surface. On entendait les grillons, le ciel s'était mis en quatre pour sortir ses plus belles étoiles et, sans rien dire, on regardait passer les satellites et les comètes.

– Vincent ?

– Oui ?

– Qu'est-ce que t'as foutu pour en arriver là ?

– Rien.

– Oh ! fais pas chier mec. Sérieux ? Ça fait quinze jours que tu me suis et qu'on enchaîne les conneries, doit bien y avoir un truc qui fait que tu veux pas lâcher, non ? C'est quoi, cette histoire de toubib ?

Je me suis tourné pour prendre une cigarette, je n'ai pas trouvé de briquet alors j'ai cherché un bout de bois incandescent au milieu des braises. Puis je me suis recouché en envoyant valser la fumée. J'ai encore tiré dessus jusqu'au milieu de la clope en me demandant si je devais répondre, et dans quel ordre. Ce qui était un moyen comme un autre de ne pas répondre.

– Bon, écoute, c'est pas compliqué : je me suis marié avec la femme de ma vie, on a fait un enfant et puis un jour, elle m'a foutu dehors. Y a beaucoup de mecs qui feraient des tas de conneries après un truc pareil, tu crois pas ?

– Même tuer.

– Si c'était pour en arriver là, Carell, tu peux aller te faire foutre. Bonne nuit.

J'ai jeté ma cigarette dans le feu et je lui ai tourné le dos.

– C'est pas ce que je voulais dire. Excuse. Mais te faire plaquer par ta gonzesse, ça devrait pas t'amener à… enfin, à en arriver à faire tous ces coups tordus avec moi qui font qu'à un moment on est obligés de plomber des types qui nous courent après.

– Je te demande, moi, si tu l'imaginais de cette façon, ta vie ?

– Ouais, bof, moi tu sais moi, dans l'ensemble, j'me pose pas beaucoup de questions. Je suis né et les emmerdes sont arrivées avec. Quand j'étais môme et que je voulais un truc, si on pouvait pas me le payer, je me servais et y avait personne pour me dire si c'était bien ou mal. Avec les femmes, c'était pareil. Quand j'avais un peu d'argent, c'était facile. Quand j'en avais pas, je me démerdais et c'était pas toujours sympa. Pour les filles, je veux dire. Alors qu'un mec comme toi, je sais pas. Je te vois, là, en train de plier des prospectus, dans ton petit short, ta petite chemisette, à écouter de la musique au milieu de tous ces types et je me dis que t'as rien à foutre là. Même que ce matin-là, quand je t'ai vu dans le hangar, ça m'a fait mal au bide parce que je me suis dit : Merde ! On en est là ? Même les mecs bien, les mecs qu'ont de l'avenir ? !

– Qu'est-ce qu'il aurait fallu ? Que je porte un T-shirt Johnny, que je dise « Wouarenculé » tous les deux mots et que je roule en Peppermint tunnée pour que tu me foutes la paix ? À quarante et un ans, mon avenir est derrière moi, Carell. Je suis pas un mec bien. Vraiment pas.

– Pourquoi ?

Il m'a vite fatigué avec son envie de discuter, là, sous la nuit étoilée, au milieu de ce faux désert à deux kilomètres du premier centre-ville. Est-ce que John Wayne et Gary Cooper avaient des états d'âme aussi pitoyables quand ils disaient leurs répliques entourés de rochers en carton-pâte et de coyotes empaillés ? J'ai inspiré profondément et j'ai relâché l'air par petits à-coups.

– Parce que tu crois que j'ai attendu quelque chose de la vie, moi ?

– T'es gonfle-foie, Vincent. Si tu veux parler, je suis là. Sinon, tu peux aller te faire foutre. Moi, demain, je rentre.

– Quoi ?

– T'as très bien entendu.

– Tu me fais du chantage ?

– Non. J'en ai ras-le-bol. T'es là, tu me colles aux basques, je te fais faire ce que je veux et tu dis rien. Si : pour te foutre de moi, t'es champion du monde. Tu me dailles. J'ai même plus envie de la braquer cette banque. Même plus envie de remonter dans cette bagnole avec toi qui rumines à côté.

– Je ne rumine pas !

– Ouais, c'est ça. Eh ben, continue à pas ruminer si ça te chante, mais c'est sans moi. Bonne nuit.

Il s'est retourné à son tour. Bien entendu que je ruminais. Comment aurais-je pu faire autrement, alors que je gardais au fond de moi une gangue sous laquelle macéraient tous mes empêchements et tous mes manques ? Une vraie confiture de vieux garçon abandonnée aux moisissures sur une étagère graisseuse.

– Je suis fils unique. Mon père était dentiste. On formait une famille comme il y en a des tas à Bordeaux :

riche, cultivée, chrétiens de gauche. Je t'avertis, ça va être chiant comme ça tout du long…

Carell n'a absolument pas bronché.

– O.K., d'accord, on y va alors. Mes parents m'ont mis à la musique à six ans. Résultat, à douze, je jouais Prokofiev les yeux bandés. Mon père avait vu cette scène dans *Amadeus*. Il me collait au piano avec un foulard sur les yeux, il me demandait de jouer une œuvre, je la jouais. À seize ans, j'ai découvert le jazz. J'ai largué les classiques et je me suis noyé là-dedans. J'ai pensé que mon père apprécierait moyennement. Je me disais qu'il me voyait plutôt soliste que pianiste de bar. Il avait cinquante balais, serait à la retraite dans une quinzaine d'années, j'avais tout le temps nécessaire pour prendre sa suite au cabinet. J'ai fait dentaire. À la fac, j'ai rencontré des étudiants avec qui j'ai monté un quartet. J'ai acheté un piano électrique que je laissais dans la salle de répétition. Je n'ai jamais dit à mes parents qu'on faisait des concerts et qu'on commençait à avoir un petit succès. J'ai eu mon diplôme. Mon père a eu soixante-deux ans le même été, il m'a filé les clés de son cabinet et une plaque en cuivre. Deux semaines plus tard, je partais à Paris avec mon groupe. On avait été sélectionnés six mois auparavant pour participer à une master class de Herbie Hancock à la salle Pleyel. Sur scène, on a joué deux morceaux. Une composition de Hancock lui-même, et un truc de Petrucciani. Herbie Hancock était assis dans un fauteuil Voltaire, à l'angle de la scène. Les yeux fermés, il écoutait les musiciens qui passaient, et quand c'était terminé, il prenait son micro et prodiguait des conseils. Quand j'ai lâché les pédales et que j'ai reposé mes mains sur mes cuisses, j'étais en sueur et à moitié content du résultat. J'avais noté deux contretemps à la batterie qui m'avaient mis dedans. La faute au régisseur de plateau. Avant d'entrer sur scène, il m'avait dit que le piano sur lequel j'allais jouer avait servi à Oscar Peterson en 1967. Quand les gens ont arrêté d'applaudir, Hancock a dit : « Je fais des master class depuis plus de vingt ans, dans le monde entier. J'ai entendu de tout et j'ai pu juger avant tout le monde du devenir de la musique. Mais je n'ai jamais entendu un piano comme le vôtre. Je ne sais pas ce que vous avez prévu de faire dans votre vie, monsieur, mais si ça n'a rien à voir avec la musique, je vous demanderais de reconsidérer vos plans. » Il s'est tourné vers moi et il m'a souri. Mes ennuis ont commencé ce jour-là.

– C'est qui, Herbie Hancock ?

– L'un des plus grands pianistes de jazz encore en vie à l'heure actuelle.

– Comment t'as pu avoir des ennuis à cause de lui ?

– Je me suis mis tout seul dans ces ennuis-là, Carell. Je suis rentré à Bordeaux et j'ai dit à mon père que je ne reprendrais pas son cabinet.

– Ben, t'as eu raison, non ? C'est quand même de sa faute si t'es devenu pianiste.

– Oui. J'ai eu raison. Je lui ai dit que j'allais devenir pianiste professionnel. Je lui ai raconté ce qui s'était passé à Paris. Je croyais qu'il allait me foutre dehors. Après tout, il avait financé mes années de médecine.

J'ai respiré bien profondément parce que le souvenir de ce quart d'heure, vieux de quinze ans, était toujours aussi délicat à négocier. Carell s'est impatienté :

– Et alors ?

– En fait, il m'a juste pris dans ses bras et il m'a dit qu'il était fier de moi, que le cabinet n'était pas un problème, qu'il le mettrait en gérance et que si un jour je changeais d'avis, il serait toujours là pour moi. Voilà, c'est tout.

Je me suis arrêté pour prendre une nouvelle cigarette, et aussi parce que je n'avais pas envie de continuer. Survolé de cette manière, c'était comme décrire Charles Ingalls disant à sa fille Mary qu'elle est libre de choisir sa vie. D'un ridicule consommé. Carell m'a pris mon paquet, a pioché dedans, et puis il s'est appuyé sur son coude :

– Je comprends rien. Il est où le problème ? T'es dentiste, t'es pianiste et tu te tracasses ? Putain, mais moi si j'avais su faire la moitié de ça, enfin mais je sais pas…

– Non, tu ne sais pas. Le groupe a splitté quelques jours plus tard. Je m'en foutais. Je suis parti à Paris avec nos maquettes et j'ai commencé à démarcher les maisons de disques. Je leur racontais mon histoire, je leur montrais la vidéo de la master class avec Hancock. Mais ça ne les épatait pas du tout. Le seul truc que j'avais réussi à trouver au bout d'un mois de prospection, c'était un job de pianiste dans un restau à touristes à côté de la place du Tertre. Et puis, lentement, j'ai glissé vers les studios. Là, ça a payé. J'ai fait des sets sur quelques albums avec des types costauds. C'est à cette époque que j'ai rencontré ma femme. Elle était venue un soir m'écouter au restaurant, avec des copines. Elle s'appelait Marie, elle était dans la banque… à Bordeaux. J'ai donc commencé à faire des allers-retours. J'ai eu l'impression qu'elle me demandait de faire un choix, alors j'ai fait ce choix. Je venais de donner une série de concerts un peu partout en Europe avec un groupe. Tout le monde me tapait dans le dos en sortie de scène et me disait que j'avais de l'avenir, alors j'y ai cru. Marie et moi, on s'est pris un appartement en centre-ville. Le déclin a commencé. Moins de contrats, moins d'enregistrements, moins de concerts. Je suis pas un frondeur, pas un battant non plus, et j'avais l'impression qu'à part le piano, je ne savais rien faire. Marie me voyait dépérir. Elle m'encourageait, elle me disait : « Avec ton niveau, tu peux prétendre donner des cours au conservatoire. » Mais je n'ai pas pu. Je voulais la scène, je voulais les lumières, je voulais qu'on me tape dans le dos et pas filer des cours à des mômes dont les trois quarts finiraient banquiers ou chômeurs. Je n'avais plus d'argent. La même année, on a acheté notre maison et Marie est tombée enceinte. Un bon coup de fouet. J'ai démarché le conservatoire, mais ça n'a pas fonctionné, même en leur montrant la cassette avec Herbie Hancock. Je n'ai pu trouver qu'une place de prof dans une MJC à Talence. Je ne me suis pas rendu compte tout de suite que j'étais tombé en dépression et que tout ce que les gens voyaient quand ils me rencontraient, c'était un type qui aurait préféré être mort que de vanter ses mérites. À la rentrée suivante, ils m'ont viré de la Maison des jeunes, faute de budget. Je suis resté pendant neuf mois le cul dans mon canapé, à regarder ma femme grossir et à attendre la catastrophe. Léa est née en mai, cette année. En juin, Marie s'est rendu compte que j'étais couvert de dettes. Elle m'a foutu dehors le lendemain.

J'ai jeté ma cigarette en direction de l'étang et j'ai regardé Carell.

Il dormait.

km 2531

Carell n'a rien dit quand on s'est réveillés. Il s'est contenté de sauter dans l'eau et d'en ressortir en hurlant, puis de se mettre à poil au soleil en jouant avec son sexe jusqu'à ce qu'il retrouve une taille honorable. J'étais un peu vexé, j'ai essayé de le lui montrer, mais comme il ne semblait pas comprendre, j'ai lâché l'affaire. On a repris la voiture sur le coup de onze heures et on a continué à se perdre dans le paysage en se racontant quelques histoires inintéressantes. Il devait être quatorze heures, on traversait une banlieue, quand il a subitement freiné au milieu de la circulation.

Il a posé la main sur mon appuie-tête pour se retourner et regarder vers le fond de la voiture, et il a remonté l'avenue en marche arrière sur près de cinquante mètres. Ça klaxonnait partout autour de nous, Carell s'en fichait éperdument. J'avais pris l'habitude de ses changements d'humeur, je n'ai donc fait aucun commentaire. J'ai juste attendu de voir où il nous emmenait.

Il est entré dans un parking et a donné un bon coup de volant pour remettre la voiture d'équerre avant d'avancer tranquillement sur une place libre. Il a claqué sa portière et s'est étiré, le ventre à l'air. Puis il a frappé lourdement sur le toit, deux fois, et s'est penché vers l'intérieur :

– Allez, sors de là.

– Pour quoi faire ?

– Viens, j'te dis.

Ahuri, j'ai regardé autour de moi. Il y avait un hangar aux parois d'aluminium qui abritait une demi-douzaine de boutiques. Parmi elles, Patrick Pianos. Une vitrine, et dedans deux queues Steinway. Je me suis recroquevillé dans mon fauteuil. Carell m'a vu faire et est venu ouvrir ma portière.

– Bouge-toi mec, ou j'vais faire une connerie.

J'ai serré ma ceinture entre mes poings comme un gosse qui se prépare au pire.

– O.K.

Il a fermé ma portière tout doucement, s'est dirigé à grands pas vers le magasin de musique et a disparu derrière les portes automatiques. J'ai arrêté de l'observer lorsque je l'ai vu s'asseoir, quelques secondes plus tard, sur le tabouret d'un des deux pianos de la vitrine. C'était comme pour tous les autres épisodes de notre odyssée : *« Est-ce que ce type est vraiment en train de faire ce que tu crois qu'il est en train de faire ? »* Assourdi par le verre des baies vitrées, m'est alors parvenu un immonde dégueulis de notes. On sentait que chaque corde recevait les coups comme si les marteaux n'avaient plus de feutrine. Carell devait frapper avec ses poings. Aucun problème, ces bestioles pouvaient encaisser plusieurs kilos de pression sans broncher. Ça a duré très longtemps. J'ai vu sortir des gens qui regagnaient leurs voitures en secouant la tête d'un air scandalisé. Un moment, le *Concerto n° 1* de Carell Lanusse s'est interrompu, j'ai entendu un bruit de batterie qu'on massacre et puis le piano a reparu, toujours aussi fort, viril et maltraité. À deux ou trois notes près, ça pouvait ressembler au *Moqueur polyglotte* de Messiaen. Je n'ai pas bougé, je n'ai pas regardé, jusqu'à ce qu'on vienne frapper à ma vitre.

Il devait avoir pas loin de soixante-dix ans. Les cheveux blancs mi-longs, il portait un costume vieille France, noir avec un gilet à fleurs et une montre-sautoir. Je n'ai pas douté une seule seconde qu'il puisse s'agir du taulier. Je le voyais tout à fait en train de s'asseoir sur le tabouret d'un de ses Yamaha en rejetant les basques de sa queue-de-pie et, après un silence emprunté, se lancer dans un petit rondo de Vanhal, très *Méthode rose*. J'ai ouvert, sa voix s'est engouffrée en même temps qu'un insupportable crescendo de feintes.

– C'est vous, monsieur Vincent ?

Derrière le propriétaire du magasin, je voyais Carell qui s'agitait au-dessus du clavier, bourrant les marches de coups secs et imprécis avec la frénésie d'un enfant tyran.

– Parce que si c'est vous, il faut venir chercher votre ami avant que j'appelle la police. S'il vous plaît.

Il faisait bonne figure, M. Patrick, mais derrière ses lunettes on lisait la peur.

Nous avons passé les portes automatiques, lui devant. Dans le magasin, le volume sonore était impossible. Une volée de notes peut rendre dingue quand elles sont mal ajustées. Il devait y avoir une bonne centaine de pianos dans la boutique, plus quelques autres instruments dont une superbe batterie Tama qu'un vigile maigrichon tentait de remettre en état. De son nez s'écoulait un long filet de sang. Mon guide m'a amené jusqu'à Carell, dans la vitrine. Il était debout sur le tabouret et s'apprêtait à poser un pied sur le clavier.

– Arrête Carell, descends de là. Qu'est-ce qui te prend ? Excusez-nous monsieur, c'est mon frère. Je viens de le récupérer dans une institution…

M. Patrick m'a considéré avec, dans les yeux, le même doute que la tenancière du motel qui nous avait vus comme un couple de pervers. Carell est descendu du tabouret et il est venu nous rejoindre. Il a attrapé le proprio par le revers de sa veste et il a commencé à le secouer :

– Tu sais à qui tu parles, mec ? Tu sais qui est ce type-là, à côté de toi ? Non, hein ? C'est le plus grand pianiste que t'as jamais vu ! Alors tu lui manques pas de respect, t'entends !

– Carell, tu fais n'importe quoi. J'ai pas envie, j'ai plus les doigts, ça fait plus d'un an que j'ai pas touché un piano. Allez, lâche le monsieur, on s'en va.

Il a lâché le vieux pour se jeter sur moi. Il m'a tiré jusqu'au piano, m'a assis de force sur le tabouret. C'était la première fois que j'avais un tel contact physique avec lui. Lui résister, c'était risquer un os et une poignée de tendons.

– Joue !

– Je peux pas !

– Joue ou je me casse ! Allez !

Je ne voulais pas regarder les touches, alors je me suis forcé. J'ai été immédiatement pris d'un vertige, une espèce de spasme visuel où les noires et les blanches se mélangeaient devant mes yeux pour former un écran rectangulaire gris qui se reflétait dans la laque de l'abattant. J'avais toujours joué à ça pour vaincre le trac pendant la minute qu'on accorde au soliste avant qu'il se jette dans la partition. Dans les salles d'audition, j'entendais les bois des sièges qui craquaient, une personne étouffait une toux dans son poing, et généralement, quelques secondes plus tard, une autre la rejoignait. Chez Patrick Pianos, pas de craquements, juste le retour en force d'un tube ante mortem de Michel Berger grésillant dans les petites enceintes murales. Dans un magasin de musique ! Mon regard a dû être très suggestif parce que Carell s'est élancé vers le fond de la boutique et la musique s'est arrêtée. Deux ou trois curieux s'étaient rapprochés. M. Patrick avait l'air de plus en plus nerveux. Il se tournait et se retournait, à la recherche de son vigile. Alors il m'a regardé d'un air de dire : « Bon, si on pouvait en finir… » J'ai posé mes mains sur les marches et je me suis dit qu'avec un extrait du *larghetto* du *Concerto n° 2 en fa mineur* de Chopin, je risquais de mettre tout le monde d'accord sur l'état actuel de mes compétences.

Les sensations sont revenues plus vite que je ne le croyais, et je me suis rendu compte que j'y prenais goût, que je ne pouvais pas m'arrêter, que c'était là, dans chacun de mes doigts. Même la main voletant au-dessus des touches au moment des soupirs, je la faisais avec envie, délectation et jouissance. Et ça me faisait du bien.

Un soir, seul à la maison, à moitié ivre, j'avais joué *Après une lecture de Dante* de Liszt, une pièce vertigineuse de vingt minutes, l'apothéose du romantisme, des portées rageuses, noires de notes accouplées les unes aux autres, pas un temps de silence. Quand j'ai eu terminé, il faisait nuit, j'étais plongé dans le noir. J'ai refermé le capot et je ne l'ai plus jamais rouvert. Une semaine plus tard, Léa naissait.

Mais là, tout était tellement bon, faisait tellement mal aux muscles, j'avais les épaules tellement crispées que j'en avais des frissons partout. En à peine dix minutes, m'est venue l'impression de couvrir les trente derniers kilomètres d'un ultramarathon. Quand j'ai eu terminé, la tête baissée vers les pédales, j'ai posé mes mains sur mes cuisses. J'étais calme. Voilà tout ce qui me restait : la capacité de faire parler un piano. Ça ne voulait plus rien dire, mais au moins je possédais quelque chose. Une extension de moi-même. La gendarmerie est arrivée sur le parking, sirène hurlante. Je n'ai même pas réagi.

Carell était planté là, il secouait la tête, incrédule. Preuve qu'il avait tout de même un petit bagage, M. Patrick me regardait avec une certaine envie : il devait être la seule personne dans cet endroit à pouvoir identifier le morceau avec lequel je venais de ruiner la réputation que mon ami m'avait faite. Je n'avais pas joué Chopin. Trop simple, trop évidemment beau, ça aurait fait générique de fin, apogée. Non. J'avais préféré me propulser dans l'*Étude n° 4* de Ligeti, un bazar à faire disjoncter une armée de moines zen. Les pandores sont entrés dans le magasin alors qu'un silence consterné s'abattait sur mon petit public.

km 2556

– Capitaine ! Capitaine !

– Qu'est-ce qui vous prend de gueuler comme ça, Blanqui ?

– La manif' dégénère ! Les types ont sorti les fusils et ont commencé à tirer sur la brigade. Ils ont besoin de nous. La CRS est en route, mais ils seront pas là avant une bonne demi-heure.

Le capitaine Le Floch m'a regardé, il a inspiré puissamment par les narines, ce qui les a pincées et lui a redonné ce visage sec et sévère auquel j'avais été confronté une heure plus tôt, en entrant dans son bureau. Il a plaqué ses deux mains sur son maroquin, s'est levé et est sorti d'un pas martial. Autour de nous, toute la brigade s'est mise en branle. C'était une petite gendarmerie. Elle s'est vidée en quelques secondes. J'ai entendu des ordres criés dans les couloirs, des pas lourds qui martelaient les planchers, et puis plus rien, à part les moteurs sur le parking et le hurlement des sirènes qui ont fini par disparaître dans le lointain. Je suis resté encore quelques minutes enfoncé dans mon fauteuil, avant de poser mes mains sur les accoudoirs et de me lever à mon tour.

J'ai jeté un œil de l'autre côté de la porte. Personne. Je suis sorti dans le couloir et j'ai marché jusqu'au bureau suivant. J'ai ouvert. Personne. À la porte suivante, le bureau était désert lui aussi. Quand j'en suis sorti, je suis tombé sur Carell.

– Qu'est-ce qui se passe ?

– Je sais pas.

– Qu'est-ce qu'on t'a dit à toi ?

– Rien, on a discuté musique.

Ce qui était tout à fait exact. M. Patrick avait sans doute apprécié le récital, mais quand les gendarmes étaient entrés dans sa boutique, il nous avait désignés du doigt et on avait fini dans le fourgon. À la gendarmerie, ils avaient emmené Carell et m'avaient laissé dans le bureau du capitaine Le Floch.

– Alors ? Pianiste, à ce qu'on m'a dit ?

Je n'avais su quoi répondre, alors il avait souri. On avait frappé à la porte, il avait dit « Oui » et un maréchal des logis était entré pour dire que la première brigade venait d'arriver sur les lieux d'une manifestation de paysans. Avant de sortir du bureau, le jeune pandore avait croisé mon regard et y était resté fixé, longuement.

– Vous cherchez quelque chose, Bourelle ?

– Non, mon capitaine.

Le gendarme Bourelle était sorti, mais m'avait lancé un dernier regard avant de refermer la porte. Quand le capitaine avait repris son interrogatoire, j'avais le front qui gouttait. Si Le Floch ne savait pas qui j'étais, Bourelle, lui, avait dû voir passer ma photo dans les affaires urgentes et ça lui évoquait forcément quelque chose.

– Qu'est-ce que vous lui avez joué à M. Lang pour le mettre dans un état pareil ?

– Du Ligeti.

– Oh ! Pu… naise !

Le Floch avait commencé le piano à neuf ans, conservatoire national, auditions, il aurait pu en faire son métier, mais il avait été immobilisé à vingt ans par un problème d'arthrite. Le piano, aujourd'hui, il ne faisait que l'écouter en calant ses mains sous ses cuisses.

– Votre copain, là, ça lui arrive souvent de frapper les vigiles ?

– Euh… Non. Mais je crois que le type lui a mal parlé.

– Il lui a quand même cassé deux dents et le gars porte plainte.

C'est là que le dénommé Blanqui était entré pour sonner l'alerte.

– Vous avez parlé musique ? Mais quoi comme musique ? Parce que la merde que t'as jouée là-bas, merci ! Non, franchement, merci mec. Je me suis recouvert de honte avec tes… ton truc, là ! Et après, ça se fout de la gueule à Johnny ? Non mais je rêve !

– Bon, Carell, qu'est-ce qu'on fait maintenant ?

– Ben, je sais pas. Moi, j'ai une plainte au cul, je peux pas vraiment bouger. Vas-y, toi.

– T'es pas bien ? Ils sont tous partis et on va les attendre ?

On a remonté le couloir au pas de charge jusqu'au hall d'entrée. Derrière le bureau de la réception, le maréchal des logis Bourelle était en train de raccrocher le téléphone, et il nous a regardés comme s'il ne se souvenait plus de nous. Alors il s'est levé, il a contourné le comptoir et s'est approché. J'ai senti près de moi la respiration de Carell qui s'accélérait. Je m'attendais à l'entendre grogner comme un bon berger malinois. Bourelle s'est planté en face de moi avec un petit sourire de satisfaction :

– Où tu vas, Coste ?

– Je… pensais… que…

– Ouais, tu pensais.

Il a baissé les yeux et s'est frotté le menton comme s'il jouait le rôle du type qui réfléchit à la manière la plus jouissive de me coincer. Mon système de déglutition s'est bloqué. J'ai senti la main de Carell se poser dans le bas de mon dos et commencer à presser tout doucement. J'ai vu les choses comme elles allaient arriver. Il allait me projeter en avant et saisir ce simple gendarme à la gorge. Bourelle a relevé la tête :

– T'es pas physionomiste, hein ?

– Je… Non…

– Parce que moi si, tu vois.

Facile de se prétendre physionomiste avec une paire de bandits improvisés qui avaient dû faire la une des journaux ces trois dernières semaines. Il fallait juste reconnaître au maréchal des logis Bourelle une perspicacité que sa hiérarchie n'avait pas. Il a ricané en voyant que je commençais à fondre sur place. Son contentement serait certainement de courte durée, parce que Carell venait de faire un très discret pas de côté. Mais Bourelle ne le regardait pas du tout. Il n'avait d'yeux que pour moi et me souriait désormais d'une manière nettement plus franche. Il a levé un doigt, l'a déposé sur ma poitrine et a commencé à me bombarder le plexus en s'exclamant :

– Toi, mec. Toi ! Si tu savais le nombre de branlettes que je me suis payées en t'écoutant sauter ma sœur de l'autre côté de la cloison ! Oh mec, sans déconner...

Et il a éclaté de rire. Une longue succession de hoquets. J'ai bloqué Carell d'une main ferme.

– Tu me remets pas, hein ? Franck ! Franck Bourelle, le frangin à Marjorie... !

C'est remonté comme une torpille. Franck, douze ans. Marjorie, seize. Moi, dix-sept. Année de terminale. Une brune avec des gros seins que j'avais recroisée quinze ans plus tard à Auchan, plate comme une limande avec deux gosses, et en remorque un type à Birkenstock qui me regardait comme si j'étais le dernier nase encore vivant dans son entourage. Elle avait tout perdu, Marjorie. Même ce petit truc derrière la pupille qui me rendait dingue.

– Mince, Franck… Si je m'attendais…

Je n'avais rien d'autre à lui dire, alors c'est surtout lui qui a fait la conversation. Je l'ai laissé s'enrubanner tout seul dans les souvenirs, débiter son C.-V. qui l'avait mené jusqu'à cette brigade, et finir par un grand sourire en me disant :

– Si on m'avait dit que je te retrouverais ici un jour, hein ?

– Bon, Franck, ça m'a fait plaisir, mais va falloir qu'on te laisse, on est attendus.

Il a soudain regardé Carell comme si c'était la première fois qu'il le voyait :

– Vous avez frappé le vigile de chez Patrick Pianos, c'est ça ?

Carell s'est raclé la gorge et a reposé sa main sur le bas de mon dos. Jusque-là, il s'était contenté de suivre la discussion en offrant un demi-sourire quand je le prenais à témoin. Franck s'est penché vers lui et, sur le ton de la confidence :

– C'est un couillon. Des plaintes, il en a déposé des dizaines depuis qu'il fait la sécurité pour les magasins de la région. J'ai même entendu dire qu'il avait choisi ce job juste dans l'espoir de se faire casser la gueule et de gagner des procès. Vous voyez le genre ? Vincent, tu me laisses ton numéro de portable, parce que là quand même, c'est trop incroyable comme retrouvailles, non ?

Franck Bourelle a tenu à nous reconduire jusqu'au parking de chez M. Patrick pour qu'on récupère notre voiture. On s'est fait deux bises sous le regard interdit du taulier derrière sa vitrine, et on a filé sans mot dire.

Quinze kilomètres plus loin, Carell est enfin sorti de son silence. Il s'est tortillé dans son fauteuil, a passé une main dans son dos et en a sorti quelque chose qu'il a posé avec vigueur sur le tableau de bord :

– Donzère ! Et j'veux pas t'entendre !

Un Manurhin. Il a pris à gauche toute. J'ai quitté le Manurhin des yeux juste le temps d'apercevoir un panneau signalant Donzère à 19 kilomètres. Profitant d'un de mes nombreux coups de mou, il nous avait insidieusement ramenés dans la région.

km 2575

On s'est posés à la terrasse d'un PMU à Donzère, et on a profité de l'ombre des platanes pour observer les allées et venues autour de la petite agence bancaire en avalant des demis glacés. On avait lâché nos sacs dans un hôtel à deux pas de là. J'aurais préféré tester la literie pendant quelques heures, mais Carell était entré dans ma chambre sans frapper et m'avait dit :

– Y a un PMU juste en face de la banque. C'est parfait.

Le troquet s'appelait Le Brazza. À une époque, il devait être typique, sentir l'anisette, la bière et la fumée d'un mauvais cigare Brazzaville qui lui avait laissé son nom. Aujourd'hui, c'était une photocopie du cahier des charges de la société des Paris Mutuels Urbains : carrelage beige, formica blanc et vert sur toutes les surfaces, bornes informatiques pour les mises, et écrans plats aux murs pour suivre les courses en provenance des quatre coins du monde. Le nez en l'air, une poignée de retraités accrocs voyageaient ainsi de Paris à Abou Dhabi sans quitter leur siège baquet.

À l'extérieur, une demi-douzaine de tables surmontées de parasols logotypés. Sous le nôtre, le serveur passait toutes les demi-heures pour réassortir nos verres. Carell ne lâchait pas la banque des yeux et prenait des notes dans son cahier de comptes qu'il avait retourné pour l'occasion. Je ne disais rien. Je regardais les filles.

Elles étaient peu nombreuses, souvent mal fagotées, comme peuvent l'être parfois les estivantes quand elles se promènent loin des côtes, alors je m'ennuyais. Du coup, j'observais un peu tout le monde et le petit manège des vacanciers autour de nous. Toute cette humanité vaquait mollement, à la supérette, à la poste, à la banque. Quelques boulistes, sous les arbres, venaient se ravitailler au bar avant de repartir s'empoigner autour du cochonnet et du décamètre.

Un break familial avec des vélos sur le toit est venu se garer sur le petit parking adjacent à la terrasse. Un couple accompagné de deux gosses est sorti et s'est emparé de la table d'à côté. La femme était plutôt charmante, sa robe surtout – un truc léger qui bâillait sur les seins. Elle avait relevé ses cheveux avec une pince, elle transpirait un peu, il y avait deux auréoles sous ses bras. J'ai trouvé ça excitant, alors je ne l'ai plus lâchée des yeux. C'était Madame Toulemonde, et pour ça elle m'a plu. Elle me rappelait Marie et elle s'appelait Laure. Ils ont commandé et elle s'est levée en disant à son mari :

– Je vais tirer de l'argent.

Comme elle s'éloignait, il l'a interpellée :

– Laure ! Tu peux me laisser le portable, s'il te plaît ? Faut que j'appelle Christophe.

Elle est revenue sur ses pas en ouvrant son sac à main et elle a vu que je l'observais. J'ai baissé les yeux. J'avais toujours été nul avec les femmes. Quand elle est repartie vers l'agence, j'ai regardé ses fesses un peu lourdes qui faisaient swinguer sa robe. J'ai entendu Carell grogner à côté de moi :

– Oh enfi, que ça daille !

Laure s'est arrêtée devant le distributeur de billets en sortant son portefeuille, puis elle a eu l'air de lire quelque chose. Finalement, elle est entrée dans la banque. Elle en est ressortie au bout d'un quart d'heure et j'ai baissé à nouveau les yeux quand elle est revenue à sa place :

– Pourquoi t'as mis tout ce temps ?

– Le distributeur est vide, ils attendent le réapprovisionnement d'ici à demain. J'ai été obligée de passer au guichet.

J'ai regardé Carell qui scrutait la banque à s'en faire sauter la rétine. Le garçon est arrivé avec les consommations de nos voisins, puis il est revenu vers nous :

– Je vous ressers quelque chose, messieurs ?

– La même…

– Non, merci, on va vous prendre l'addition.

Le serveur est reparti. Carell m'a regardé d'un air de dire : « De quoi je me mêle ? » Avec la dose de bière que j'avais ingurgitée, j'ai eu un peu de mal à lui faire un clin d'œil. Alors, j'ai attrapé son livre de comptes, son stylo, et j'ai fait un dessin dessus avec plusieurs points d'exclamation. À côté, j'ai dressé une liste : *2 cagoules, 2 couteaux, 2 bombes lacrymo, de la cordelette, du scotch de déménageur, un sac de sport, vite !* J'ai poussé le cahier vers lui, il a jeté un œil dessus et, face à sa bouche bée, je me suis demandé s'il savait lire. J'étais plutôt fier de mon idée. J'ai allumé une cigarette et j'ai essayé de sourire comme Brad Pitt. Ce qui ne l'a absolument pas troublé.

– Je comprends rien. C'est quoi tous ces trucs ?

Il me montrait la liste. J'ai arrêté de sourire et j'ai essayé autre chose. Je me suis penché au-dessus de la table, j'ai posé mon doigt sur la liste et j'ai fait comme le personnage de Walter White dans *Breaking Bad* :

– Écoute, pour une fois, on va faire comme JE dis. Tu discutes pas et tu vas me chercher ça. Maintenant. Et dans une heure, tu me retrouves là-bas. Je m'occupe des sandwiches.

J'ai montré un banc public à l'ombre, à côté du boulodrome. Carell a suivi mon doigt avant de revenir vers moi avec son regard bovin. Il a dû comprendre que je n'en dirais pas plus, alors il s'est levé et il est parti. Deux minutes plus tard, il passait devant la terrasse en klaxonnant et en me faisant un signe qui, pour lui, devait signifier que j'étais totalement à la masse.

– Bon, Carell. Ton histoire de braquage de banque, je te laisse faire depuis le début alors que je sais que c'est la pire des idées.

– Hein ? !

– Depuis combien de temps t'es pas rentré dans une agence ? Ils ont pas accès au fric, là-dedans. Y a même plus de vitres blindées et à peine un demi-vigile. Juste un troupeau de conseillers assis derrière des bureaux, qui sont là pour te vendre des trucs dont t'auras jamais besoin. Quand tu demandes de l'argent, ils te regardent comme si t'avais demandé une baguette pas trop cuite, et si t'insistes, ils te répondent qu'il y a un distributeur à l'extérieur.

– …

– Oui, je sais, c'est compliqué la modernité. Mais bon, en attendant, j'ai une idée. Tu m'écoutes, tu m'interromps pas, et si t'as des questions, tu les gardes pour la fin. O.K. ?

– Ouais, c'est bon, j'ai compris.

– Alors, voilà…

km 2575,1

À vingt-deux heures, le banc était encore brûlant. À deux heures du matin, il était franchement inconfortable. Une camionnette de gendarmerie a fait le tour de la place sans même nous remarquer. Je regrettais le nombre de bières basculées l'après-midi parce que, toutes les demi-heures, j'étais obligé de me lever pour aller uriner derrière un arbre. On a dormi à tour de rôle, allongés sur le bois, la bouche ouverte. J'ai réveillé Carell à 5 h 27. Le soleil était en train de se lever. Un break Peugeot venait de se garer devant la banque. Carell s'est redressé et on a regardé le type en sortir et se diriger vers la porte de l'immeuble voisin avec, à la main, une petite valise métallique. J'ai bondi le premier en enfilant ma cagoule. Carell a démarré avec un temps de retard, ce qui était inquiétant, vu que c'était lui qui avait l'arme.

Je suis arrivé à temps pour mettre mon pied dans la porte et pousser de toutes mes forces. Un truc que je n'avais jamais su faire auparavant, même de manière métaphorique quand ma carrière partait à vau-l'eau et qu'il fallait à tout prix que je me vende. Le type avait à peine fait cinq mètres dans le couloir quand je me suis affalé sur le carrelage. Il a dû comprendre tout de suite ce qui se passait parce qu'il a voulu prendre la fuite. Carell est entré à son tour et il n'a eu qu'à faire claquer la culasse du Manurhin. Le bruit a suffi. L'homme s'est immobilisé de dos et a levé les mains. La peur m'a transpercé par le plexus solaire et est ressortie aussitôt de l'autre côté. Je jouais un rôle, il fallait que je m'y tienne. J'étais acteur dans un film, et pour que ce film soit parfaitement réussi, il fallait qu'il soit le plus court possible. Je me suis relevé et j'ai attrapé le type par les cheveux avant de lui coller ma bombe lacrymo au coin du visage. Je l'ai retourné face à Carell et je l'ai poussé jusqu'à une petite porte blindée. Là, j'ai dit doucement :

– Ouvre !

Il a baissé une main, lentement, pour attraper un trousseau de clés qui pendait à sa ceinture. J'ai jeté un œil à Carell. Il ne bougeait plus, il ne braquait même pas le dabiste. Il avait la bouche ouverte et ça faisait un double trou avec celui de sa cagoule. Je lui ai fait une mimique censée vouloir dire : « Qu'est-ce que t'as ? » mais il est passé complètement à côté. Le type a plongé une clé carrée dans la serrure et a donné plusieurs tours avant que le sas ne s'ouvre. Je l'ai fait avancer dans la toute petite pièce surchauffée qui se tenait derrière, et j'ai aperçu une sorte d'armoire grise collée au mur extérieur, avec une nouvelle serrure.

– Ouvre !

Il a ouvert. La porte de l'armoire a émis un léger chuintement et j'ai vu les piles enfilées dans deux rails. Le type respirait par à-coups. On avait dû le former à ça, gérer son stress en faisant la respiration du chien comme une parturiente. Exécuter les ordres, ne pas discuter. J'ai jeté le sac de sport à ses pieds :

– Remplis !

Il a déverrouillé les deux rails et a commencé à sortir les billets par paquets et à les jeter dans le sac. À peine deux minutes. Je l'ai à nouveau saisi par les cheveux, il s'est tendu, je lui ai précipité le front contre le mur d'en face. Il y a eu un choc mat. Il a glissé au sol.

– Passe-moi la cordelette et le scotch !

Je me tenais à genoux entre les omoplates du dabiste, la lacrymo tendue devant moi au cas où. Je crevais de chaud sous ma cagoule, et comme la peur tout à l'heure, je faisais maintenant refluer l'adrénaline.

– Qu'est-ce que tu fous ? La corde et le scotch, merde… Carell ?

Ne jamais prononcer le nom de son complice était l'un des dix commandements de l'apprenti-braqueur. Je me suis mordu la langue et j'ai lancé un regard par-dessus mon épaule. La porte du distributeur était entrouverte. Carell ne s'y trouvait pas.

– Ho !?

Pas de réponse. La panique s'est immiscée très rapidement. Le type commençait à bouger sous moi. J'ai avisé une caméra de surveillance que je n'avais pas vue en entrant, perchée à l'angle de la pièce. À l'extérieur, le silence. Et à part mon pauvre petit aérosol au poivre, je n'avais aucune arme. Je me suis relevé d'un bond, j'ai tenté de retenir ma respiration pour qu'elle ne parasite pas les petits bruits éventuels. J'ai tiré la porte et j'ai risqué un œil dans le couloir. La minuterie était éteinte. Un peu de lumière entrait par les deux fenestrons au-dessus de la porte d'entrée, mais ça mettait l'endroit à contre-jour et je ne distinguais rien dans le vaste trou d'ombre du hall.

– Carell ?

Le type a grogné derrière moi, il a bougé un bras, a soufflé douloureusement. Je n'avais plus aucune envie de le violenter. J'avais lu quelque part que les dabistes bénéficiaient d'une prime de risque au moins aussi merdique que le boulot qu'ils exerçaient. Il fallait que je sorte de là avant qu'il se remette sur ses pieds et qu'il donne l'alerte. Avant que mon image sur un écran, quelque part, ne réveille l'attention d'une quelconque société de télésurveillance. Le film dont j'étais jusque-là le héros était en train de s'attarder et je perdais en concentration. J'ai poussé le battant et j'ai pris une profonde inspiration. L'odeur du salpêtre m'est entrée dans le nez et, tel un Neil Armstrong de couloir, j'ai amorcé mon premier pas avec une extrême lenteur, en économisant mon oxygène, les pupilles surdilatées, les oreilles supertendues. Sitôt que j'ai touché le sol, j'ai foncé. À peine six mètres. Une main serrée sur la bombe lacrymo brandie devant moi, l'autre agrippée aux poignées du sac. Rien. Personne. Mon poing a rencontré le panneau de la porte, j'ai lâché l'aérosol pour trouver la targette, j'ai ouvert et j'ai reculé d'un pas. La porte s'est refermée lentement sans que personne ne vienne la bloquer. J'ai répété l'opération et je me suis lancé dehors.

La rue était vide. À droite personne, à gauche personne. J'ai enfilé le trottoir de gauche, au hasard, le cœur contre les amygdales, dans les tempes, dans le bide. J'ai fait une cinquantaine de mètres. Et puis j'ai repensé à la voiture du dabiste. S'il se réveillait, s'il lui prenait l'envie de jouer les Charles Bronson ? C'était complètement idiot d'y retourner mais je ne réfléchissais que par extraits. J'ai fait demi-tour en courant, je suis revenu à la banque, j'ai sorti mon couteau et j'ai commencé à faire le tour de la Peugeot pour crever les pneus. J'en étais arrivé au troisième quand une voiture a freiné brusquement à côté de moi. Je me suis tassé derrière l'aile du break. Une portière a claqué, j'ai entendu des pas précipités et, avant que j'aie eu le temps de réagir, deux mains se sont plaquées contre mes épaules et m'ont soulevé de terre.

km 2657

– Espèce de sale bâtard ! Pourquoi t'as fait ça ? Hein ? ! Pourquoi ? T'as eu la trouille, hein ? J'arrive pas à y croire ! Heureusement qu'on n'a pas braqué la banque, Carell ! Bon sang, mais heu-reu-se-ment ! T'aurais fait quoi ? Tu serais resté face à l'hôtesse d'accueil comme un têtard ? C'est ça ? Pauvre naze !

Carell ne disait rien. Il conduisait, les mains agrippées au volant, blême, couvert de sueur. Le soleil levant nous aveuglait. J'avais le sac serré contre moi. Je hurlais comme un putois, mais rien n'y faisait. Il ne parlait pas. On avait quitté Donzère en se foutant des dos d'âne, des gendarmes couchés et des coussins berlinois qui avaient peu à peu transformé les agglomérations de ce pays en étapes du Paris-Dakar. On était sortis de la ville par l'artère principale, jetés sur la nationale comme une balle échappée d'un canon.

– Ralentis, triple buse !

Ce n'est pas sa main que j'ai prise dans le visage, mais son poing. À l'angle de la mâchoire. Après, je n'ai plus rien vu pendant un temps indéterminé. J'en avais marre de prendre des coups, de plonger dans le schwartz et de revenir toujours à la même place sans que rien n'ait changé autour de moi à part le paysage et le modèle de la voiture qui nous transportait. Quand j'ai rouvert les yeux, on était revenus au point de départ, le mien en tout cas, celui que j'aurais dû quitter sans attendre Carell. Une zone commerciale.

Le soir était en train de tomber. Autour de nous, des familles éreintées venaient déverser dans les voitures le contenu de leurs caddies et, d'ici la fin de la semaine, ils seraient de retour, au même endroit, comme des hordes éparses de toxicos. Carell était assis sur le capot et il fumait. Le sac était toujours sur mes genoux, les poignées serrées dans mes deux poings joints. J'ai décidé de prendre les choses avec calme et pondération.

– Tu peux m'expliquer ?

Il n'a pas répondu. Il a continué à fumer. J'ai pris une cigarette à mon tour.

– Écoute, Carell. Je suis désolé de ce que je t'ai dit tout à l'heure. Tout est ma faute. J'ai modifié tes plans à la dernière minute et j'aurais pas dû. Je crois que t'étais pas prêt. Mais fallait me prévenir si tu flippais. Tu te rends compte que je me suis retrouvé tout seul là-dedans avec ce type et juste ma bombe lacrymo ? T'as réfléchi à ce qui aurait… ?

– C'était lui.

– … Quoi ? Qui ça ? De qui tu parles ?

Il tremblait. Il refusait de me regarder et il tremblait. Sa clope lui a glissé des doigts, il l'a regardée tomber à ses pieds, n'a même pas pris la peine de l'écraser. Je me suis demandé si, cette fois, il ne s'était pas tout simplement pissé dessus.

– Le type qu'on a braqué… C'était le type qu'on a pris en stop…

– Qu'est-ce que tu racontes ?

– C'était lui, j'te dis. Sans la barbe, mais c'était lui. Le mec qui cherchait sa R16…

– Mais non, Carell, enfin…

Il s'est tourné vers moi. Je pouvais voir la trouille dans ses pupilles. Le dabiste, je ne l'avais finalement vu que de dos. Carell, lui, l'avait eu en face et je me souvenais de son expression derrière sa cagoule, du Manurhin qu'il avait baissé.

– On est morts, mec. Morts.

– Attends, je comprends pas. Tu le sors de la Méhari, tu lui balances que c'est nous qui lui avons volé sa R16, et là, tu me défèques une comtoise parce que tu l'as reconnu alors que t'étais cagoulé ? Comment tu veux qu'il ait fait le lien ?

– Tu te rappelles ce qu'il a dit : qu'il retrouverait ceux qui avaient fait du mal à sa bagnole ? Eh ben voilà, mec : il nous a retrouvés. Oh ! ami…

J'ai mis du temps à le convaincre qu'il était très fatigué, que tout ça n'était qu'un pur fantasme alimenté par toutes ses peurs qui ressurgissaient, là, après le stress.

– Hé ! Carell ! Le braquage, on l'a fait, tu t'en souviens ? Notre McGuffin, on l'a maintenant. On va pouvoir se casser au soleil…

– Non, Vincent. On ira plus nulle part tous les deux. Ce type, il va nous tomber dessus, demain ou un jour, mais bientôt. Tu peux en être sûr. C'est un tout petit monde, ici. Regarde, le mec à la gendarmerie l'autre jour, çui à qui t'as piné la sœur…

– Mais c'était juste une coïncidence, allons !

– Moi, les coïncidences, ça me fout les jetons. Ce type, c'est Dieu qui nous l'envoie parce qu'on a dépassé la ligne, tu vois. On a été vachement trop loin, toi et moi. Maintenant, va falloir qu'on paye. Alors Dieu, il nous a envoyé un caissier et son caissier c'est ce type. Et on lui en a déjà trop fait. Je veux pas de son fric. Tu peux le brûler.

– Tu sais quoi ? On va sortir le sac, je vais compter les billets, et quand je te dirai combien ça nous fait chacun…

– 75 510 euros.

– T'as compté ? !

– Ouais.

– Comment t'as fait ? Je…

Un couple auquel je donnais encore huit mois d'espérance de vie est passé à côté de nous en poussant deux caddies remplis de saucisses, de chipolatas, de merguez et de sacs de charbon. Deux gosses en bas âge couinaient en traînant le pas derrière eux. J'ai attendu qu'ils se soient éloignés avant de reprendre :

– Carell, tu vas pas te laisser impressionner.

– On aurait pas dû prendre ce type en stop. C'est ma faute. Je l'ai pas senti. Tout de suite, quand il s'est mis à dégoiser sur sa vie de merde, je l'ai pas senti. Tu veux que je te dise, même : quand j'ai croisé son regard dans le rétro, je me suis dit : tu vois Carell, si Dieu il devait t'envoyer un avertissement, il ressemblerait à ce type. Le Diable, mec, le Diable en personne. J'aurais dû m'écouter et on aurait pas fait toutes ces conneries. Le Diable, il croit qu'il est libre, mais en fait, c'est juste un employé de Dieu. Un putain de smicard de Dieu, t'entends ?

– …

– Faut que je trouve une église.

– Oh, non…

– SI ! ET TOUT DE SUITE !

J'ai pris le volant. Carell s'était recroquevillé contre sa portière et il n'arrêtait plus de se signer. Les seules églises qu'on rencontrait étaient toutes fermées pour la nuit. Alors, à la sixième, il est sorti de la voiture, il a filé deux ou trois coups de pied dans la porte de la sacristie et il a disparu à l'intérieur. Pendant deux heures.

– Tu te sens mieux ?

– Laisse-moi le volant.

J'ai escaladé le levier de vitesse, il m'a à peine laissé le temps de m'installer. Quand on a eu quitté le bled, il s'est tourné vers moi avec le sourire :

– J'ai fait la paix avec moi-même, mec. J'ai dit à Dieu qu'il pouvait aller se faire foutre, que j'avais pas passé toutes ces années à prier pour en arriver là. Il a jamais bougé le petit doigt pour m'aider. Je suis né dans une famille où mon grand-oncle était un grand artiste qui faisait des vitraux pour les églises, et Dieu s'est même pas occupé de moi. Tu te rends compte ?

J'avais une réponse toute prête à lui servir, mais il a plongé sa main dans la poche latérale de son short pour en ressortir une poignée de billets et de pièces, comme il l'avait fait après l'histoire avec Mindy.

– T'as pillé le tronc ?

– Qu'est-ce tu crois ? Avec toute la thune que ma mère lui a laissé chaque dimanche pendant cinquante ans alors qu'elle avait même pas de quoi me payer un bloc de Persavon, il me devait lourd, ce sale bâtard !

– Et ta part du butin, tu veux toujours la brûler ?

Il m'a regardé et il a souri de tous ses chicots avant de piocher une cigarette dans le paquet qui traînait à côté du levier de vitesse. Enfin, en plissant les yeux vers l'horizon, il s'est doctement exclamé :

– Le programme vient de changer, Vincent.

– Ah bon ?

– Ouais. On a un nouveau McGuffin, maintenant. T'es avec moi ou pas ?

– Euh… Ça dépend, Carell, tu sais…

– On va le trouver.

– Qui ?

– Le messager de Dieu, là. L'autre empaffé qui se prend pour le Diable. On va le trouver, et on va lui faire bouffer sa R16 jusqu'à la bielle.

– Non, Carell, c'est pas une bonne idée. Pas une bonne idée du tout.

Il a tendu un doigt vers le tableau de bord. Le verrouillage centralisé a claqué. Il a remis un coup de quatrième et on a décollé.

Au loin, j'entends les sirènes, un mélange ininterrompu de si et de la, comme nous en avons entendu tant et plus pendant tous ces kilomètres parcourus jusqu'à ce viaduc au-dessus d'une autoroute, quelque part en France. Je tourne la tête et je vois la nationale, ce trait droit qui s'élance vers l'horizon, et là-bas, tout au bout, cette colonne de véhicules qui rougeoie ou bleuit sous les gyrophares. Ça brille de partout, comme dans un film américain.

Carell aussi les aperçoit. Alors il tourne la tête vers moi et il me dit avec ses yeux : « Qu'est-ce qu'on fait maintenant ? » Je fouette l'air avec ma main pour lui faire comprendre que je n'en peux plus, que je n'ai plus un souffle d'avance, que c'est de toute façon bien trop tard et que ça ne servira à rien. J'ai à peine assez de jambes pour courir vingt mètres. Carell me montre quelque chose derrière moi.

C'est une forme, allongée sur le ventre au milieu de la chaussée du viaduc. Un homme, certainement. Je dois être frappé d'une sorte d'amnésie ponctuelle parce que c'est comme pour la voiture bleue. Une voix me dit que je sais de qui il s'agit, mais une autre me prévient que j'ai oublié.

Je m'approche, à pas comptés. Du bout de ma chaussure, je touche la sienne. Inerte, le pied mou retombe. Je le contourne et je regarde sa tête posée sur son bras replié. Des cheveux blancs. Un vieux sans doute. Son visage n'est visible que de trois quarts dos. En me penchant, je crois distinguer des poils blancs sur son menton.

La fin

km 2689

J'ai tenté de temporiser. J'ai tenté d'argumenter. J'ai tenté de le ramener à la raison, mais Carell n'en démordait pas. Avec ou sans moi, il irait se colleter avec Emilio Cazar, le seizéiste[1] dabiste caissier de Dieu.

On avait trouvé son nom dans le journal. Ma dernière tentative de temporisation, après toutes celles qui n'avaient pas marché. Se poser, prendre un hôtel et passer la soirée à éplucher la presse locale pour voir s'ils parlaient du braquage et s'ils donnaient l'identité du type que j'avais agressé. Ça nous avait à peine pris plus de cinq minutes. Il était en une de trois canards. Deux d'entre eux avaient préservé l'anonymat de la victime, le troisième avait mangé le morceau. Le syndicat français des transporteurs de fonds s'était saisi de l'affaire, et son grand chef était monté au créneau pour réclamer un changement radical des conditions de

1. Est dénommée « seizéiste » toute personne ayant la passion des Renault 16.

travail de la profession. Au cours de l'interview qu'il avait accordée, le syndicaliste disait ceci :

« Vous voulez que je vous raconte l'histoire d'Emilio Cazar ? Vous allez voir et vous allez comprendre dans quel état est ce pays. Emilio est entré à dix-sept ans chez Renault dans la toute nouvelle usine que la Régie venait d'ouvrir à Sandouville, en Normandie, pour fabriquer la R16. Il a commencé comme manœuvre et il a monté les échelons. Quand ils ont fermé l'unité, en 1980, Emilio s'est retrouvé sur la paille. C'était la fin des Trente Glorieuses. Du boulot, il y en avait de moins en moins. Alors Emilio a travaillé à droite et à gauche. Il aurait pu tomber dans la délinquance, mais il s'est tenu droit sous l'averse. Il a passé le concours pour être convoyeur de fonds et il a recommencé une carrière dans cette branche. Des histoires sordides, il en a eu son compte, vous pouvez me croire. La dégradation du métier, il l'a vécue à temps plein. En 2009, il était à la retraite mais sa pension était trop minable, alors il a trouvé ce job de dabiste dans une société pas très regardante, ni sur l'état physique de ses salariés ni sur leur sécurité. Et voilà comment cet homme est récompensé. Traumatisme crânien, nez cassé et trente jours d'incapacité. Vous savez quoi : j'ai autant de mépris pour les types qui lui ont fait ça que pour nos dirigeants qui laissent des pauvres types comme Emilio exercer leur boulot dans cette jungle. »

On en a pris un coup. Moi surtout. J'avais terriblement honte. Je n'étais déjà pas grand-chose avant, mais là, ça atteignait des fonds impressionnants.

– On peut pas faire un truc pareil, Carell. Vraiment pas.

– Et pourquoi pas ? C'est un dingue. Qu'est-ce que tu préfères ? Que ce soit lui qui nous fasse la peau ?

– Mais arrête. Il a pas loin de soixante-dix piges, qu'est-ce que tu veux qu'il nous fasse ? Tu l'as jeté de la voiture à coups de pompes dans le bide, moi je lui ai éclaté la tronche contre un mur, enfin, ça suffit pour toute une vie de souffrances, non ? L'éthique, Carell, souviens-toi de ça ! L'éthique.

– On pourrait au moins lui brûler sa caisse, non ?

– Non ! On va l'oublier, voilà ce qu'on va faire. On va prendre notre pognon, on va se trouver un avion pour mettre un ou deux océans entre lui et nous, et on va l'oublier, O.K. ?

Il a battu des mains en signe de reddition. J'ai cru, vraiment, que j'avais emporté le morceau. En fait, j'avais juste gagné une manche : celle qu'il avait bien voulu m'abandonner. Ce soir-là, je suis allé me coucher sans manger et j'ai essayé de ne plus penser à tout ça, en me noyant dans les clips d'une chaîne musicale. Carell est passé m'avertir qu'il descendait dîner.

Il n'est réapparu que trois jours plus tard.

km 3399

Ça a commencé par trois coups frappés à la porte.

Je n'avais quasiment pas quitté ma chambre. Je m'étais contenté d'appeler le room-service pour commander des club-sandwiches. Je les ingérais assis en tailleur sur mon lit, les yeux rivés sur l'écran à regarder sur MTV tous ces gros types ridicules avec leurs lunettes de soleil et leurs gourmettes en or faire remuer des bagnoles montées sur suspensions californiennes au rythme d'un rap qui semblait toujours le même. Autour d'eux, des troupeaux de femelles à bikini secouaient leurs atouts en se foutant pas mal des luttes acharnées que leurs grands-mères avaient menées soixante ans plus tôt pour que les femmes sortent de la cuisine. De temps à autre, je reprenais espoir en voyant l'une d'elles prendre le micro. J'espérais alors que celle-ci allait venger les autres, mais que dalle : en vedette ou en Bunny, elles se laissaient fasciner par les corps noueux des hommes qui les regardaient en souriant ironiquement. J'en venais à me demander si ce machisme de façade n'était pas, tout compte fait, l'aveu inconscient d'une homosexualité latente. Ce n'était, après tout, pas pire que ce que proposaient les chaînes pornos des canaux voisins. On ne se pénétrait pas à grands coups de reins ravageurs, mais l'idée de fond était la même. Pendant qu'une partie de l'humanité se battait pour son émancipation, l'autre moitié refabriquait des entraves en changeant juste les matériaux.

Parfois, je trouvais le rythme intéressant ; souvent, je repérais les samples qu'ils avaient pillés dans la discographie jazz : pianos de Keith Jarret, trombone de Fred Wesley, batteries de Bill Stewart, etc. J'aurais pu changer de programme mais c'est vite devenu obsessionnel. Je m'endormais devant toutes ces excroissances de chairs féminines qui se trémoussaient comme des demi-sphères de Jelly à peine démoulées et je chassais au loin l'angoisse que me procurait l'absence prolongée de Carell. À nouveau, je me faisais l'impression d'être une femme attendant le retour de son homme. J'étais tellement tendu que si j'avais dû patienter en me peignant les ongles, je me serais collé des litres de vernis jusqu'aux genoux. Le troisième soir, on a frappé trois coups à la porte alors que la chaîne venait d'annoncer une soirée spéciale Beyoncé et que, pour l'occasion, j'avais fait monter une côte de bœuf décongelée et une bonne bouteille.

Carell ne frappait jamais. Il entrait sans cérémonie. J'ai baissé le son en soupirant lourdement et j'ai dit :

– Ouais ?

La porte s'est ouverte, Carell est apparu, l'air penaud, l'arcade sourcilière droite enflée sous un pansement de fortune :

– J'chus désolé, mec. J'chus vraiment désolé.

Il est entré dans la chambre en trébuchant, poussé par un autre type que je n'ai d'abord pas reconnu dans la pénombre du couloir. Je n'ai vu que son arme, et elle m'a rappelé quelque chose. Un Manurhin, un peu vieillot, la teinte du canon usée par la friction de l'étui. Le type a fait un pas dans la lumière du hall et a repoussé la porte d'un coup de talon. Il avait retaillé sa barbichette en pointe et souriait.

Le commandant Personne était là, devant nous, il n'avait plus ses lentilles, mais sa visible excitation lui donnait des airs de faune. Carell s'est assis lourdement sur le lit, mon plateau-repas a pris de la gîte et la bouteille de pessac-léognan s'est renversée. Je n'ai pas osé la redresser, le vin s'est répandu sur le couvre-lit à fleurs. Le Grand Maître a pris place sur la petite chaise de bureau. Il avait revêtu un costume blanc impeccable, quoique un peu froissé par le voyage. Mais quel voyage ? Où Carell l'avait-il trouvé ?

– Déshabillez-vous, on va commencer par là.

Carell m'a regardé, il a soupiré et, fataliste, il a commencé à déboucler la ceinture de son short. Je n'ai pas bougé. La couverture synthétique avait avalé les trois-quarts de mon pessac-léognan. Beyoncé commençait à chanter, sagement engoncée dans un deux-pièces en lamé or. Le flingue s'est dirigé vers moi. Le short de

Carell a glissé sur ses pieds. J'ai fait sauter le premier bouton de mon jean. Je voyais mal comment les choses pouvaient évoluer positivement.

Le commandant Personne s'est levé pendant qu'on retirait nos vêtements avec une lenteur de compétition. Il a commencé par aller verrouiller la porte de la chambre. Puis il a ouvert l'armoire, sans doute pour passer le temps, et il a vu le sac. Il s'est penché, a saisi les poignées et l'a sorti du meuble.

– Vous mettrez vos fringues là-dedans...

Il allait le jeter sur le lit quand le sac s'est ouvert. Il a vu les billets et il a blêmi.

– Mazette ! Bonnie and Clyde ! Bien. À poil, j'ai dit !

En quatre semaines de route, j'avais réussi l'exploit de ne jamais me montrer nu devant Carell – l'inverse était moins vrai. Les toilettes, sommaires, s'étaient faites au hasard de rivières ou de douches très occasionnelles. Se retrouver l'un en face de l'autre, l'appareil à l'air, n'avait donc rien d'habituel. On ne se regardait plus, on faisait plutôt semblant de trouver le plafond et la moquette fascinants.

– Toi !

Le Manurhin venait de se tourner vers moi. Derrière, le commandant Personne m'a fait un geste de la main que j'ai feint de ne pas comprendre. Alors il a recommencé, en tâchant de mimer un peu mieux.

– Excusez-moi, mais je ne comprends pas très bien.

– Mets son... dans ta bouche !

Concernant le sexe, ce type souffrait visiblement de quelques tabous très compliqués à gérer quand on se prétendait gourou. Comment faisait-il avec les femmes de son harem, si tant est qu'il en eût ? Je me distrayais comme je pouvais, mais le canon du pistolet s'est enfoncé dans le gras de ma joue. J'ai donc considéré le membre décongestionné de mon ami en me disant qu'après tout, c'était une juste vengeance, je n'aurais pas fait beaucoup mieux. Mais je n'ai pas bougé d'un pouce. Il a armé le chien. J'ai posé un genou pénible sur le lit d'où le vin s'est mis à suinter pour couler goutte à goutte sur la moquette. Le contact physique avec les hommes m'avait toujours répugné. Je nous percevais comme d'immondes êtres plats et velus, aux odeurs nauséabondes. De l'endroit où je me trouvais, je percevais déjà les effluves rances de Carell. Lui non plus ne semblait pas très partant : il rétrécissait à vue d'œil.

– Allez, grouillez-vous un peu, on va pas y passer la nuit.

J'ai posé mon second genou sur le lit. Le vin a coulé à flots sur le sol. J'ai senti mon estomac se vriller quand j'ai tendu la main vers le sexe de Carell. Carell a reculé d'un demi-pas. Le Grand Sachem a émis un grognement, il est passé dans son dos, lui a collé son flingue sur la tempe et l'a repoussé vers moi. Je ne pourrais pas expliquer ce qui s'est passé à ce moment-là, mais la verge de mon compagnon a grossi d'un coup. Dans une sorte de spasme. Il a bredouillé :

– Désolé, mec… Je sais pas ce qui me prend…

Le Maître a ricané et a grincé dans son oreille :

– Mais si, tu le sais. Tout au fond de toi, tu le sais ce qui t'arrive. Hein, ma petite boule de vices ?

Le flingue a quitté la tempe de Carell et le Grand Sire a fait un pas de côté, sans doute pour venir me le replanter sur le front. J'ai entendu un couinement et soudain, il a quitté mon champ de vision. Quand j'ai tourné la tête, je l'ai vu et je n'ai pas compris tout de suite : il était en train de faire le grand écart, là, sur le sol de ma chambre. Je me suis demandé ce qu'il lui prenait. Si c'était un de ses rites tordus et s'il faisait la même chose dans son harem de la Creuse. Si, sidéré par sa propre montée de sève, il en arrivait à se jeter à terre dans une imitation passablement raide des chorégraphies de James Brown. Il a levé les yeux vers moi, il a grimacé en tentant de se relever, et c'est là que j'ai remarqué l'angle étrange qu'avait pris sa cheville droite. En voulant contourner Carell, cet imbécile avait glissé dans la flaque de vin qui enduisait la moquette et son pied s'était tout simplement cassé net.

Étrangement, il y a eu comme un temps mort.

Ensuite, on s'est défoulés, le sexe battant sur nos cuisses nues au rythme de nos coups. Ça collait parfaitement avec le déchaînement rythmique qui agitait, sur l'écran, le bas-ventre de Beyoncé Knwoles. Rapidement, le commandant Personne a cessé de bouger. Carell s'est assis sur lui, j'ai pris le bord du lit, et on a soufflé quelques secondes. Nous étions en train de nous rhabiller quand on a frappé une nouvelle fois à la porte.

– Oui ?

Personne n'a répondu. Nous avons acceléré le mouvement. On a frappé de nouveau.

– Oui ?

Toujours rien. On a frappé une troisième fois. Carell a verdi brutalement. La poignée de la porte a tourné doucement. Carell s'est précipité sur moi, m'a attrapé par le dos de mon T-shirt, a saisi le sac et m'a entraîné sur le balcon. Il a tiré rapidement la baie vitrée derrière nous et a enjambé la balustrade. On était au premier étage. Au-dessous, il y avait des buissons comme il y en a toujours dans les films quand les héros tentent de s'échapper et que les scénaristes ont pitié d'eux. Alors qu'on sautait, on a entendu un coup de feu et la porte de la chambre qui tapait contre le mur.

On a couru à travers le parking. Je suivais Carell mais je voyais bien qu'un truc n'allait pas. Il regardait dans tous les sens, changeait de trajectoire, passait entre les voitures en vérifiant si elles étaient ouvertes.

– Qu'est-ce tu fous ?

Il s'est arrêté, le nez levé en direction de la sortie de l'hôtel. Puis il m'a regardé, a repris un peu sa respiration et s'est remis en route en s'écriant :

– Suis-moi !

J'ai jeté un œil en arrière. Sur le balcon de notre chambre, j'ai aperçu une silhouette qui se penchait au-dessus des jardins. Électrisées, mes jambes sont soudain devenues d'une impensable légèreté et j'ai presque failli dépasser Carell qui venait de s'arrêter à côté d'une voiture stationnée à califourchon sur un trottoir. La portière était ouverte, il a plongé sous le volant pendant que je la contournais pour prendre ma place habituelle. Le moteur s'est emballé sans le moindre accroc, Carell a fini de nouer les fils entre eux, s'est installé sur le siège du conducteur, et on a filé, l'arrière du crâne bloqué contre les appuie-têtes.

km 3409

– Bon, tu peux m'expliquer ?

J'avais tenté de prendre une position confortable, les pieds posés contre le tableau de bord. Conformément à sa manière habituelle de pratiquer, Carell a lâché le morceau. Il parlait vite, faisait craquer l'embrayage, patinant dans les virages. De la trouille à l'état pur.

– J'ai fait une grosse connerie. Une très grosse connerie, Vincent. Ouais, c'est vrai, j'avais dans l'idée de retrouver ce type et de lui flamber sa caisse. T'aurais pu dire n'importe quoi, j'y serais allé quand même. La connerie, elle a commencé là…

Carell était descendu pour manger au restaurant de l'hôtel et, au milieu de son boudin-purée, ça lui était tombé dessus. Il avait revu Emilio Cazar comme le messager de Dieu et avait lâché ses couverts. Il avait pris la route à l'aveuglette, tourné en rond pendant une heure avant de se dire qu'il faisait vraiment n'importe quoi et qu'il ferait bien de s'arrêter pour réfléchir. Aussi surprenant que ça pouvait paraître, c'est ce qu'il avait fait. L'idée la plus débile qu'il ait jamais eue dans toute sa foutue vie lui était venue comme ça : le seul moyen de retrouver ce type, c'était de repartir là où il avait volé la R16.

– Dans l'Aveyron ? T'es reparti dans l'Aveyron ?

La mémoire visuelle était l'un des rares atouts de Carell. À fond, toute la nuit, il avait refait le chemin inverse, et à l'aube, il avait retrouvé la petite masure. Déserte. Alors il était entré par effraction et avait commencé à fouiller. Il avait fini par trouver une vieille facture EDF avec une adresse : Valence. Il s'était préparé du café et avait repris la route aussitôt en se disant qu'avec un peu d'énergie il serait de retour le soir même à l'hôtel et qu'il me raconterait une connerie pour que je ne m'inquiète pas. Résultat des courses, il avait tellement poussé la voiture que moins de cinquante kilomètres plus loin, il « serrait » en rase campagne, un événement apparemment cyclique chez lui. Il ne lui restait plus qu'un moyen. Au petit matin, il s'était mis sur le bord de la route et avait tendu le pouce. C'était là, me dit-il, qu'il avait renoncé à son projet.

– Tu te moques de moi ? Tu te tapes des centaines de kilomètres en pleine nuit, et pour finir tu renonces ?

– La fatigue, mec. Je pensais que je pourrais aller jusqu'au bout, mais tu sais comment c'est, la fatigue ? Ça te raconte n'importe quoi pour que t'abandonnes. J'ai même failli t'abandonner, toi, tu t'rends compte ?

Ça semblait lui servir de mètre-étalon, je n'ai donc pas insisté. Il avait parié qu'avec son physique difficile, il devrait marcher des kilomètres avant de trouver un automobiliste plus moche que lui qui voudrait bien le charger, mais les choses s'étaient passées beaucoup moins bien.

Un gros 4×4 était arrivé, avait ralenti puis réaccéléré avant de glisser sur la chaussée et de s'immobiliser complètement. Dans la voiture, Carell voyait le conducteur, de dos, chercher quelque chose dans sa boîte à gants. Puis le type avait passé la marche arrière et avait remonté la route à toute vitesse pour stopper devant Carell. Avant que celui-ci ne réagisse, il avait un flingue pointé sur lui. C'était le commandant Personne.

– Je me suis gouré, Vincent, tu vois. Toi et moi, on a pas la baraka. C'est les autres qui l'ont. Nous, parfois on en profite, parfois on se la mange. Ce connard était mort de rire.

Il avait forcé Carell à monter et il lui avait demandé où j'étais. Sans réfléchir, Carell lui avait raconté qu'on s'était installés dans un petit appartement. À Valence. « Eh ben, on va à Valence alors ! » avait rétorqué le commandant Personne. Tout le long du chemin, le Sire creusois avait ressorti son argumentaire comme quoi le Créateur lui avait envoyé un signe alors même qu'il avait renoncé à nous retrouver pour nous faire la peau. Oui, il était désormais le bras vengeur du Seigneur. Carell réfléchissait de son côté à la meilleure façon de procéder une fois qu'ils seraient chez Emilio Cazar.

Mais arrivé à la cité Fontbarlettes, il n'avait toujours pas l'ombre d'un plan.

– Faut me comprendre, mec. Il a pas arrêté de dégoiser tout le long du chemin, il m'a foutu la tronche à l'envers.

– Je sais, Carell. Je comprends. C'est quoi la suite ?

Carell et Barbichette s'étaient retrouvés face au tableau des interphones de l'immeuble. Carell avait trouvé le nom de Cazar et il s'était dit que, de toute façon, c'était ça ou rien. Il avait appuyé sur le bouton et, très vite, une voix d'homme avait répondu. Carell avait dit qu'il était là pour le relevé des compteurs. La porte s'était ouverte. Ils étaient entrés, avaient traversé le hall et en passant Carell avait repéré le nom et le numéro de l'appartement de Cazar sur les boîtes aux lettres.

– Comme quoi j'aurai appris au moins un truc en distribuant tous ces putains de prospectus.

Devant la porte d'Emilio Cazar, alors qu'il hésitait à sonner, Barbichette l'avait poussé sur le côté et avait lui-même posé le doigt sur le timbre d'un air de dire : « Pas d'embrouilles ! » La porte s'était ouverte et Emilio Cazar était apparu, avec ses pansements plein le visage. Il avait aussitôt vu le flingue qu'on lui mettait sous le nez, puis il avait regardé derrière le flingue en devenant tout gris. Là, il avait aperçu Carell.

– T'as même pas idée de la rage qu'il avait, ce con ! Il a attrapé le flingue, il a tordu la main du gourou sans jamais me quitter des yeux. Il gueulait tellement qu'un autre type qui était avec lui dans l'appart' est arrivé pour le secourir. Le gourou, il le secouait dans tous les sens pour qu'il le laisse passer ; son pote, il le retenait ; et moi, je restais planté là, à les regarder. Même bouger je pouvais pas…

Le gourou avait fini par mettre un terme à cette comédie. Il avait repris son arme et en avait filé un coup dans le nez du dabiste avant de s'enfuir en courant. Au lieu de partir dans la direction opposée, Carell l'avait suivi.

– Les miquettes. J'avais les miquettes, putain ! Je savais plus ce que je faisais. Une fois sur le parking, le gourou s'est mis à tousser tout ce qu'il savait, il était plié en deux, il crachait, il dégueulait à moitié. Alors je me suis dit : « Mais que t'es con ! Casse-toi ! » J'ai commencé à faire demi-tour en faisant gaffe à pas faire de bruit. Et j'ai entendu l'autre qui disait : « Bouge pas, connard ! »

Ils étaient remontés dans la voiture et le gourou l'avait attrapé par les cheveux, avait tiré en arrière et lui avait balancé le canon du pistolet dans l'arcade sourcilière. Trois fois, pour bien ponctuer sa demande : « Maintenant, tu m'amènes à ton pote ! »

– Tout au long de la route, mec, je me suis bouffé les doigts en me disant que j'étais en train de faire une deuxième grosse connerie. Voilà pourquoi on a débarqué sans prévenir à l'hôtel.

Carell a sombré dans un silence morne, alors que j'attendais la suite.

– Attends, Carell, tu veux dire que… Tu me l'as ramené, et c'est tout ?

– Ben ouais. Tu m'en veux pas trop ?

– Mais, c'était qui le mec qu'a tiré dans ma porte, à l'hôtel ? Tu peux m'expliquer ?

– Ah ! Ouais, c'est vrai, j'ai oublié de t'en parler. Ben figure-toi que sitôt qu'on a eu quitté Valence, je me suis aperçu qu'ils nous suivaient.

– Qui ?

– Le mec de la R16. L'autre, là : Emilio Mes Chouanes. Avec son copain, je pense, parce que j'ai vu deux types dans la voiture.

J'ouvrais de grands yeux, je pompais tout l'air que je pouvais, mais je ne trouvais pas la position antalgique qui m'aurait permis de calmer mes douleurs intercostales.

– Qu'est-ce qui t'arrive ? T'es tout rouge, mec…

– Non seulement tu me ramènes l'autre dingue, mais en plus, tu te traînes ce type !?

– Ouais, justement, je me suis dit pareil. Enfin, sur les derniers kilomètres. Parce qu'avant, quand on a quitté Valence, je pensais qu'ils allaient passer à l'action et que j'avais peut-être une chance de m'en sortir avant qu'on arrive. En fait non, apparemment, ils nous ont suivis jusqu'à l'hôtel. Mais t'en fais pas, c'est réglé.

– Réglé ?

Il a pris une cigarette dans la poche de sa veste, l'a glissée entre ses dents, a enfoncé l'allume-cigare, a attendu qu'il saute, l'a saisi, a allumé sa clope, a remis l'allume-cigare en place, a ouvert sa vitre et a tiré une première latte avant de dire :

– Qu'est-ce tu crois, Vincent ? Que je les ai tous conduits jusqu'à ta chambre dans l'espoir que t'allais me sucer la bite ? Non ! Ils vont nous foutre une paix royale maintenant, tu peux me croire.

– Ah ! ouais ? Parce que tu crois que tu vas échapper au caissier de Dieu juste en piquant une bagnole…

– Mais, pauvre pomme ! C'est sa bagnole qu'on vient de piquer. Tu la reconnais pas ?

J'ai soulevé mon pied du tableau de bord et j'ai vu la marque inscrite en lettres argentées sur la boîte à gants : Renault 16 TX.

– Et dans cette bagnole, t'as juste oublié quelque chose de très important, Ducon !

Cette très mauvaise réplique venait de la banquette arrière. Je n'ai pas eu besoin de me retourner. Le double canon d'un fusil de chasse s'est glissé entre nous. Carell a levé un œil vers le rétroviseur et il a failli nous envoyer dans le décor.

km 3432

J'étais en train de me faire la remarque qu'il ne serait sans doute pas aisé de manœuvrer un fusil de chasse dans un habitacle si petit, quand le téléphone portable d'Emilio Cazar a sonné.

– Ouais ?… Ouais ?… O.K. !… On t'attend, on vient de prendre la nationale… On se gare sur le bas-côté… Je sais pas, on va se trouver une forêt, j'ai une pelle dans la voiture… Gare-toi là !… Oh ! le gros, tu te gares j'ai dit !

Le canon a rebondi contre l'oreille de Carell qui a chassé à droite avant de ralentir et de s'arrêter en dérapant sur le bas-côté herbeux.

– Non, Éric, je te parlais pas à toi. On s'est arrêtés. Tu vas nous trouver facilement, on met les warnings.

Carell a mis les warnings sans attendre. Cazar a raccroché et il s'est affalé en soupirant sur sa banquette.

– Je vous avais dit que je vous retrouverais, les mecs. Merci de m'avoir dit où était ma voiture. Seulement vous l'avez niquée. Le rétro extérieur et la portière conducteur.

– C'est pas nous !

Le canon a tapé contre l'oreille de Carell. Il a hurlé. Cazar lui a dit de la fermer. Son téléphone a sonné de nouveau :

– Ouais ?… Quoi ?… Calme-toi, Éric… Calme-toi. On est sur la N15, à quatre ou cinq bornes de toi. Tu nous vois, tu nous fais des appels de phares et tu passes. On te suit.

Il a raccroché en lâchant « Putain ! » entre ses dents. Puis il a fouillé ses poches et tendu un trousseau de clés à Carell.

– Démarre !

Carell a démarré. J'ai entendu Emilio se tordre sur sa banquette pour regarder derrière. Peut-être que c'était le moment d'agir.

– Bouge pas, toi !

Le canon est venu me rappeler que mon nez avait été fracturé deux semaines auparavant. J'ai repris ma place. Ça s'est éternisé. Des voitures passaient près de nous en faisant tanguer l'habitacle. Certaines klaxonnaient. J'ai cru entendre une sirène, très loin derrière. Cazar s'est crispé.

– Filez-moi une clope !

Il a eu sa clope. L'a allumée, l'a fumée en deux minutes. Et puis il a dit :

– On y est ! Tiens-toi prêt !

Carell a docilement tourné les roues et a voulu jeter un œil dans le rétro extérieur. À la place, il n'y avait rien. Un 4×4 nous est passé à côté en klaxonnant.

– Allez ! Suis-le !

Carell a déboîté. Cazar a repris son portable.

– Ouais, Éric. Ils sont où les flics, je les vois pas ?... Ben tu vois, fallait pas paniquer. C'est l'hôtel qu'a dû les appeler. Le temps qu'ils interrogent le taulier, on sera loin...

On a rattrapé le tout-terrain et on s'est collés à une trentaine de mètres derrière lui. J'ai pu lire la plaque : 87. Cazar continuait à rassurer son copain. J'imaginais ce pauvre type qui s'était retrouvé chez le dabiste, sans doute un collègue venu prendre de ses nouvelles. Cazar avait dû le travailler au corps pour qu'il le suive dans sa chevauchée vengeresse, et maintenant il se retrouvait dans ce boxon innommable avec trois branques à gérer dont un qui lui donnait des ordres par téléphone.

Je me suis rendu compte que ni Carell ni moi n'avions pris le temps d'attacher nos ceintures de sécurité. J'ai eu le réflexe idiot de saisir la mienne, mais le canon du fusil m'a immédiatement cogné le coude. Voilà comment l'idée m'est venue. Je me suis demandé pendant plusieurs secondes comment j'allais la transmettre à Carell sans que l'autre s'en rende compte, et j'ai pensé à cette vieille ruse de Sioux qui consistait à tousser tout en disant quelque chose. Vu la complexité du plan que j'avais ourdi, je me suis questionné sur sa faisabilité, mais j'ai tenté le coup en compactant mon propos autour de l'idée principale :

– Keuf-keuf-quand-je-te-le-dis... Keuf-keuf-rahem-tu-ouvres-ta-portière... Keuf-keuf-et-tu-sautes...

Carell m'a regardé et je n'ai pas eu le temps de saisir s'il avait entendu ou pas. Cazar a dit à son complice :

– O.K. ! Éric, on a un petit problème ici : je crois que nos deux copains nous prennent pour des caves et je pense que c'est le moment de leur montrer qu'on n'en est pas, des caves. T'es d'accord avec moi, Éric ?... O.K. ! Alors voilà ce que tu vas faire...

Le Éric en question n'a pas été facile à convaincre. Il a fallu aller jusqu'à la menace. Quand Carell a compris ce qui allait se produire, il a immédiatement freiné et un troisième coup de canon dans l'oreille l'a forcé à reprendre de la vitesse. Moi, je ne pensais qu'à mon plan et à son imminence. Si tout se passait comme Cazar avait fini par le hurler à son acolyte, on allait pouvoir s'en sortir. Peut-être. C'était une question de précision et de capacité de résistance. Le 4×4 avait pris de l'avance sur nous. On roulait à une cinquantaine de mètres l'un de l'autre maintenant, on avait tout le temps nécessaire. J'ai entendu Emilio Cazar qui disait :

– Les gars, voilà ce qu'on récolte à vouloir foutre une vie en l'air... Maintenant, Éric !

J'ai posé ma main sur la poignée de la portière. Je ne savais pas et je ne pouvais pas vérifier si Carell était synchrone.

– Éric, qu'est-ce que tu fous ? J'ai dit : maintenant !

Dans le 4×4, rien ne bougeait. Cazar beuglait. Entre nous, le canon du fusil faisait des allers et retours. J'ai failli sauter à ce moment-là, mais le tout-terrain a fait une embardée et j'ai vu la portière du mort s'ouvrir et lutter contre le vent. On arrivait en vue d'un viaduc d'autoroute. L'engin s'est mis à tanguer. On pouvait clairement voir le conducteur qui poussait son passager à coups d'épaule, la portière qui s'ouvrait par intermittence. Et puis, l'éjection a eu lieu.

J'ai vu sortir le corps vêtu de blanc du commandant Personne. Ses pieds ont rebondi sur le sol. Il s'est agrippé aux montants, a tenté de remettre une jambe dans l'habitacle, mais c'était déjà perdu. Le 4×4 a eu un sursaut en passant sur le joint de goudron du viaduc et le Grand Maître de Nibiru a lâché prise. J'ai vu son corps rebondir à pleine vitesse sur la chaussée et monter sur le pont, les membres désarticulés. J'étais subjugué et soudain plus du tout sûr d'être aussi motivé que ça pour me jeter moi aussi par-dessus bord. J'ai senti la voiture ralentir, le vent s'engouffrer dans l'habitacle. J'ai tourné la tête. Carell me regardait. Et puis il a sauté. Le coup de feu est venu ensuite. Le cri d'Emilio Cazar aussi. On venait à notre tour d'arriver sur le viaduc. Plus personne ne conduisait la R16. J'ai ouvert ma portière et j'ai sauté. Quand j'ai heurté le sol, j'ai aussitôt eu l'impression de partager le tambour d'une bétonneuse avec une demi-douzaine de parpaings. La dernière chose que j'ai pu voir avec un tant soit peu de stabilité, ce fut la R16 lancée à pleine vitesse en direction du parapet.

km 3432,1

J'ai ouvert les yeux parce que, au fond de mon cerveau, cette petite voix me disait : *« Allez, ouvre-moi ces paupières, espèce d'irresponsable, qu'on en finisse. »* Alors j'ai ouvert les yeux.

Et tout autour de moi, j'ai vu : le désastre.

Ça aurait pu être métaphorique. Je ne demandais pas du cru, du vrai, du dur. Non, ce que je voulais, c'était m'échapper, sans doute. Je voulais juste partir ailleurs, rattraper le temps perdu et puis me retrouver aussi, un peu. C'est vrai ça : j'avais cette vieille impression au fond de moi, l'impression de m'être perdu de vue à un moment donné, sans trop bien savoir comment. Est-ce que j'avais renoncé à moi-même ? Est-ce qu'il était là, mon problème ? Je savais qu'un jour je m'étais parjuré, que j'avais manqué à ma parole. Oui, je le savais. D'autant mieux que Marie m'avait en grande partie quitté pour cette raison. J'ignorais tout bonnement que TOUT pouvait provenir de là. J'ai fermé les yeux et j'ai soudain entendu *Les Fonderies d'acier* de Mossolov.

Quand je les ai rouverts, j'étais debout, les mains agrippées au parapet métallique d'un viaduc qui surplombait une autoroute. Sur cette autoroute, il y avait des voitures, beaucoup de voitures, des tonnes et des tonnes de voitures, empilées les unes sur les autres. Comme je refusais d'être le seul au monde à contempler ce désastre, j'ai tourné la tête et j'ai aperçu ce type que je connaissais et dont j'aurais voulu ne plus me souvenir du nom. Carell. Il venait de s'accouder au parapet et il regardait le spectacle en disant :

– Oh, enfiiii… !

Je me suis douté que lui aussi, à cet instant, il contemplait sa vie. La béance qu'avait été sa vie. La béance qu'elle était devenue. Et la béance qu'elle promettait d'être encore. C'était exactement comme pour moi, mais en pire. Alors je suis revenu à l'autoroute et j'ai pensé : *« C'est quand même pas moi qui ai causé tout ça, si ? »*

Carell m'a regardé et il m'a dit :

– T'inquiète pas, mec. Je vais tout arrang…

Il s'est interrompu et a jeté un regard au-dessus de moi. Je me suis retourné. J'ai vu la nationale, ce trait droit qui s'élançait vers l'horizon, et là-bas, tout au bout, cette colonne de véhicules qui rougeoyait ou bleuissait sous les gyrophares. Ça brillait de partout, comme dans un film américain. J'ai demandé à Carell :

– Qu'est-ce qu'on fait ?

Carell m'a fait un signe de la tête pour me montrer quelque chose sur le côté. Sur le côté, il y avait l'autoroute bloquée, avec toutes ces voitures, tous ces morts, tous ces blessés que je ne voulais plus voir. Alors je n'ai pas quitté Carell des yeux. Ni quand il a enjambé le parapet, ni quand il a sauté. Il a quitté mon champ de vision en basculant par-dessus le viaduc et j'ai entendu les gens en bas s'exclamer à l'unisson. C'est tout.

Alors, je me suis dit : *« Voilà, c'est la fin. Il te quitte, il fuit et il te laisse là parce qu'il ne pouvait pas en être autrement. »* Le bruit de son corps rebondissant sur un truc creux m'a finalement décidé à tourner la tête.

Il n'était pas tombé bien bas. Juste sur le toit d'un camion moins d'un mètre en dessous. Maintenant, il courait sur ce toit jusqu'à la R16 qui avait terminé sa course là, encastrée. Il s'est frayé un chemin au milieu de la tôle tordue et a disparu pendant quelques secondes à l'intérieur. Il est ressorti en brandissant un truc pour que je voie bien de quoi il s'agissait. Du coup, les gens se sont tournés vers moi. Certains m'ont montré du doigt. Carell est descendu de la remorque et il a remonté le talus herbeux avec une surprenante légèreté. Le timing était très serré, et même si j'ignorais ce qu'il avait planifié en tricotant avec ses deux cervelets aphasiques, je sentais que tout était une question de temps. Quand il est arrivé sur moi, hors d'haleine, les premières voitures de gendarmerie étaient en train de poser leurs pneus sur le viaduc.

Carell m'a fait pivoter, a passé son avant-bras sous ma gorge, a serré fort et m'a planté le canon du fusil de chasse d'Emilio Cazar sous le menton. Et dans mon oreille, il a répété :

– T'inquiète pas, je vais tout arranger ! Et quand Carell dit de pas s'inquiéter, faut pas s'inquiéter ! C'est clair… ?

– …

– C'EST CLAIR ? !!!

– Oui, Carell. C'est juste que tu serres un peu trop…

– Oups, s'cuse, mec ! Allez, cramponne-toi.

Je n'ai d'abord pas très bien compris à quoi je pouvais me cramponner. Mais quand il m'a basculé en arrière sur son ventre et qu'il a commencé à marcher vers les gendarmes en me portant par la gorge, j'ai serré son avant-bras de toutes mes forces pour suivre le mouvement sans me faire pendre comme un jambon. On a fait une bonne dizaine de mètres. Des voitures s'extirpaient des dizaines d'uniformes qui se planquaient aussitôt derrière leurs portières ouvertes à la volée. À l'arrière, deux camionnettes venaient de s'immobiliser pour lâcher leurs chiens de garde, des types caparaçonnés dans des combinaisons noires. Ça ressemblait à un téléfilm policier français : peu de moyens mais beaucoup de figurants pour meubler les trous. On s'est arrêtés devant tout ce beau monde et j'ai pu déglutir :

– Carell, Carell… je suis pas sûr…

– Hé ! les mecs ! Qu'est-ce vous foutez là, hein ? Qu'est-ce vous regardez ? C'est moi que vous regardez ? Et lui ? Lui, là, vous le voyez, lui ?

Il me secouait. Je ne comprenais toujours pas la stratégie, alors je me laissais secouer. C'était toujours ça de pris dans le monde des vivants. Parce que, à part faire un joli carton sur nous, je ne voyais pas vraiment ce qu'allait pouvoir faire toute cette fichue armée mexicaine.

– Lui, là, ce petit fils de pute, vous le voyez ?

Visiblement, c'était la consternation dans les rangs de la maréchaussée. Tout le monde se planquait derrière la mire de son pistolet. Ceux qui n'étaient pas armés appelaient les renforts. Les radios crachaient. Les sirènes ne hurlaient plus, c'était le seul avantage. On commençait tout juste à entendre celles des pompiers qui arrivaient en sens inverse.

– HO ! JE VOUS PARLE !! EST-CE QUE VOUS VOYEZ CE FILS DE PUTE, LÀ ?

On a entendu quelques voix qui s'élevaient de la masse pour dire timidement : « Oui, on le voit, oui… »

– O.K. ! Alors ce petit mec-là, c'est la dernière chose de moi qui reste encore sur cette Terre, vous entendez ?

– Carell, qu'est-ce que tu fous ?

– Lui, il a rien fait. C'est moi qui l'ai entraîné là-dedans… !

– Non, Carell, oh… !

– Et il va falloir lui demander très gentiment de vous raconter, O.K. ? Mais vite, parce que d'ici pas longtemps, vous allez vous prendre une planète en pleine gueule, tas de rats !

J'ai senti Carell se détacher de moi. J'ai senti un frisson très rapide parcourir l'attroupement et j'ai vu des gendarmes se lever de derrière leurs portières. Ça a détourné mon attention. Quand j'ai entendu le coup de feu, j'ai cru que l'un d'eux venait de tirer. J'ai attendu la balle suivante sans bouger. Puis j'ai vu les premiers hommes passer le barrage des voitures en courant et en pointant leurs armes sur moi. Et là seulement, je me suis retourné.

Carell gisait sur le dos, son fusil entre les mains, les deux index sur la double détente, le canon couché en travers de son buste. Après, il n'y avait plus rien qu'une mare de sang. On m'a précipité par terre, j'ai senti les gravillons s'encastrer dans mes pommettes, mes bras qu'on me tordait dans le dos. J'aurais voulu m'évanouir mais c'était comme d'habitude, je ne contrôlais pas ça. Je ne contrôlais plus rien du tout.

km 4006

– Bon, autant que vous le sachiez tout de suite – et peut-être que ça vous débloquera un peu –, ils n'ont rien. Ou en tout cas très peu. Trop peu. Pour le principal, aucun témoin oculaire. J'entends : pour les faits. Pour le reste, des témoins, il y en a. Vous êtes tout le temps dans le tableau, immanquablement. En dehors de ces considérations, on peut rester sur notre ligne.

– Quelle ligne ?

C'étaient les premiers mots que je prononçais en trois semaines. Me Bourdier-Saint Fler a failli en tomber de sa chaise, mais il a préféré sourire.

– Eh bien voilà. Il suffisait de se lancer, hein ? Avouez : vous répétez ça depuis combien de temps, monsieur Coste ? Allez, dites.

Il a compris que la reprise de parole était une chose, mais que ses blagues de gros tonton ne marchaient toujours pas. Il a rajusté son veston, remis ses lunettes en place comme si elles avaient glissé, et il a joué un peu avec les ouvertures de son cartable posé sur la tablette entre nous.

– La ligne, monsieur Coste, c'est celle que nous allons dessiner maintenant pour votre défense. Et croyez-moi, vous aurez beau la tordre dans tous les sens, vous en viendrez vite à penser comme moi. Voilà les faits tels qu'ils se dessinent aujourd'hui, après trois semaines d'instruction. Fait numéro 1 : vous faites la connaissance du dénommé Lanusse Carell, le 18 juillet 2012, dans l'entrepôt de la société Corexpo où vous exercez périodiquement la profession de distributeur de prospectus…

Non, Me Bourdier-Saint Fler n'a pas mis très longtemps à me convaincre que sa ligne de défense était ce qu'il y avait de mieux pour moi. Beaucoup de choses l'avaient fait avant lui. Les parloirs notamment. Il y en avait eu trois seulement : ma mère, mon père et Marie. Avec eux non plus je n'avais pas desserré les lèvres. Je les regardais juste pleurer et me supplier : « T'as pas fait ça, hein ? Vincent ? Dis-moi que t'as pas fait ça… » Mais surtout, il y avait eu le décorum autour des parloirs : ces hauts murs, ces bruits de serrures, ces sols en plastique qui couinaient sous les semelles des baskets, ce survêtement qu'on finissait toujours par porter pour ne plus se démarquer au milieu des autres, et ces autres que je côtoyais de loin en loin et de qui je me cachais, le corps engoncé dans ce survêtement.

J'ai passé quatre mois en préventive. Le temps de répéter, d'affiner, de composer mon rôle avec, de temps à autre, de grandes répétitions générales devant le juge d'instruction. Finalement, ils ont décidé que le cirque avait assez duré et on est entrés dans l'arène en décembre, dans l'un des « œufs » du tribunal de grande instance de Bordeaux.

J'étais devenu un autre Vincent. J'étais devenu le Vincent de Me Bourdier-Saint Fler parce que j'avais fini par accepter de devenir ce Vincent-là. J'étais devenu le Vincent de Carell parce que j'avais fini par accepter la version que m'imposait Me Bourdier-Saint Fler. Je m'étais réincarné dans la peau d'une crevure qui allait devoir y croire encore un peu pour sauver sa tête et donner une réponse claire et précise à ma mère, à mon père et à Marie.

Qui sait si Carell avait vraiment avalé le canon de ce fusil pour que j'en arrive là ? Qui sait si ses derniers mots voulaient vraiment dire ça ? On nous les a passés au cours du procès puisqu'un flic avait filmé toute l'intervention sur le viaduc avec son téléphone portable. Et même si cette pièce avait été aussitôt invalidée par le président parce qu'elle avait au préalable traîné sur Internet, je n'en avais pas eu besoin pour faire ma propre sauce, ma propre histoire, mon propre moment. La ligne de Me Bourdier-Saint Fler tenait en quelques mots très bien connus des services de police et de justice : charger Carell.

Les chiffres m'ont d'abord semblé exorbitants quand l'avocat général les a évoqués au premier jour du procès : 17 véhicules volés. 250 hectares de forêt brûlés.

1 braquage. La mort directe de 4 personnes et les morts indirectes de 18 autres dont 2 enfants. L'invalidation à vie indirecte de 8 personnes dont 4 enfants. Les blessures indirectes de 132 personnes. 32 millions d'euros de dégâts. J'étais seul dans le box des accusés. Mais Carell apparaissait tellement souvent dans les débats que je le sentais se trémousser sur le siège à côté de moi et murmurer « Oh ! enki ! » chaque fois que le procureur annonçait un nouveau chef d'accusation.

Les témoins de l'accusation n'ont pas tenu très longtemps sous la férule de Me Bourdier-Saint Fler. Non, aucun d'entre eux ne m'avait jamais vu les armes à la main. Non, aucun d'entre eux ne m'avait vu le volant entre les mains. Non, aucun d'entre eux ne m'avait vu tuer un homme. Les Nibiriens avaient répondu : « Nous sommes personne » à toutes les questions qui leur avaient été posées. On les avait menacés du pire, mais rien n'y avait fait. Parmi eux, il y avait les deux rescapés de la fusillade en forêt.

C'était principalement pour eux que Me Bourdier-Saint Fler avait un peu forcé les agendas de la cour en avançant ses états de service et en prétextant un départ à la retraite qui risquait de l'empêcher de plaider une dernière fois. Il était entré dans ma cellule quelques jours auparavant et m'avait dit :

– On passe le 12.

– Déjà ?

– J'ai usé toutes mes cartouches pour faire avancer la date et vous me dites « déjà » ?

– J'aurais dû dire quoi ?

– Mais je ne sais pas, mon ami. Merci, peut-être.

– Merci.

– Eh bien, c'est trop tard. Passons. Pourquoi le 12 ? Parce que le 21.

– Le 21 ?

– Oui, le 21 décembre nous serons tous morts, vous le savez, n'est-ce pas ? Cette histoire de planète Nibiru, vous voyez de quoi il s'agit ?

– Vous déconnez ou quoi ? Me dites pas que vous êtes Nibirien vous aussi ?

– Moi, non. Mais il y en a trois ou quatre dans le dossier des parties civiles. Je les ai rencontrés, je sais très bien ce qu'ils diront au procès parce que c'est exactement ce qu'ils ont dit tout au long de l'instruction quand on les a interrogés sur la tuerie du bois de Soreuil.

– "Nous sommes personne"...

– Ça vous fait marrer, monsieur Coste ?

– Ils sont tellement...

– Oui, tellement... comme vous dites. Tellement idiots que lorsqu'ils se réveilleront le 22 décembre et qu'ils comprendront qu'on leur a piqué tout leur argent pour même pas le prix d'une mort spectaculaire, je pense qu'ils voudront faire payer quelqu'un. Alors imaginez la même perspective avec un procès qui débute juste un mois plus tard, et là, vous avez des témoins oculaires sérieux. N'est-ce pas, monsieur Coste ?

L'histoire de Me Bourdier-Saint Fler se découpait donc ainsi : j'avais croisé un beau matin le dénommé Lanusse Carell qui, sous prétexte de m'aider dans ma distribution, m'avait emmené chez lui et m'y avait fait boire. À partir de là, je m'étais retrouvé avec une espèce de dingue qui m'avait baladé sur plus de 4 000 kilomètres, un flingue posé sur la tempe. J'avais suivi parce que j'avais craint pour ma vie et pour celle de ma famille que le forcené menaçait sans cesse de faire tuer. Je l'avais éloigné le plus possible de Bordeaux. Ainsi m'avait-il tenu. Il avait un téléphone portable sur lequel il appelait de soi-disant complices qui savaient où j'habitais. Ça se produisait quand je résistais ou si je menaçais de m'échapper. Parfois, oui, j'avais participé à des coups, comme pour le braquage du DAB de Donzère ou les vols de l'Espace et de la Mercedes, mais c'était toujours sous la menace.

N'allez pas imaginer de grands effets de manches, non. Me Bourdier-Saint Fler était un avocat sérieux et respecté. Ce qu'il disait avait la valeur de l'or, donc il n'avait pas à surjouer. Au moment de mon arrestation, Carell était au bout du rouleau, il m'avait confié qu'il voulait en finir, mais qu'il le ferait avec panache, dans une grande gerbe de sang.

L'entrée d'Emilio Cazar dans notre duo avait été la chose la moins facile à régler parce qu'elle demandait une gymnastique intellectuelle trop compliquée pour les médias qui en avaient fait une sorte de victime angélique au moment du braquage. On imaginait mal convaincre l'opinion publique que cet homme était lui aussi un demeuré qui était responsable à 98 % du carambolage sur l'A8. Il fut donc intégré au scénario en tant que double victime de Carell qui, pour une raison que je ne pouvais pas connaître, avait décidé de s'acharner sur ce pauvre type. Quant à son mystérieux collègue, il n'avait jamais été mentionné pendant l'enquête et fut aussitôt classé dans la colonne des pertes et profits.

J'étais la victime collatérale d'un fou et j'avais eu la chance de ne pas être tué. Je suis ressorti du tribunal blanc comme au jour de ma naissance, avec un avocat qui parlait à ma place aux caméras et une famille soudée autour de moi. Me Bourdier-Saint Fler n'a réapparu qu'une seule fois dans ma vie.

Deux semaines plus tard. J'étais dans mon salon et j'attendais l'heure d'aller chercher Léa à la crèche. Nous partions le soir même chez les parents de Marie pour les fêtes de fin d'année. Il a sonné, je suis descendu, il n'a pas voulu monter, nous sommes restés dans le couloir de l'entrée. Pendant qu'il me parlait, de petits nuages de vapeur sortaient de sa bouche :

– Vous vous êtes sans doute demandé pendant ces quinze jours si tout ceci – ce procès, cette plaidoirie – n'était pas un peu gros. Si vous ne vous êtes pas posé cette question, c'est que vous êtes le monstre que je crois que vous êtes, au fond. Mais vous ne l'êtes pas, j'ai décidé d'en être convaincu. N'est-ce pas, Vincent ?

Je n'ai pas répondu.

– J'ai décidé d'en être convaincu parce que, finalement, je vous vois assez mal en desperado de la route à tuer tous ces gens, faire tous ces blessés, détruire tous ces biens. Ce n'est pas vous. Tous ceux qui sont venus spontanément à la barre témoigner de votre moralité l'ont assez répété : vous êtes un garçon sans histoires, discret, jamais un mot au-dessus de l'autre. Et puis artiste par-dessus le marché, un grand pianiste – très touchante, à ce propos, votre mère parlant de cette rencontre avec Herbie Hancock. Alors je me suis fait mon opinion au fur et à mesure de l'instruction, je vous l'avoue. J'ai pensé qu'un garçon comme vous n'avait pas sa place en prison. Parce que ce n'était effectivement pas possible qu'un garçon comme vous ait participé à un tel rodéo mortel sans y avoir été contraint. Et je me suis efforcé de vous faire partager cette idée. Non, vous ne pouviez pas l'avoir fait, Vincent. Ou alors sous l'influence de cet homme. Cet homme, ce Carell, lui, oui, il pouvait. Il n'était pas brillant, il avait un casier, il volait, il violait, c'était un hors-la-loi, il avait le costume. Mort, il était encore mieux. On pouvait le salir sans que ça se voie. Et tout a marché, monsieur Coste, comme vous pouvez le constater aujourd'hui.

Il m'a regardé en souriant, puis plus du tout. Et il a lâché le dernier morceau sans masquer l'étendue de son dégoût :

– Ce qui m'importait vraiment dans cette affaire, Vincent, c'était que vous n'alliez pas en prison. Et que vous passiez le reste de votre vie loin des barreaux, aussi libre que vous puissiez l'être, entouré par les gens qui vous aiment et qui croient en vous. Et que ce reste de vie, vous le passiez à faire semblant et à leur mentir chaque jour en les regardant droit dans les yeux.

km 0

Marie m'avait repris, oui, mais sous le coup de l'émotion, après m'avoir vu derrière une vitre blindée, après m'avoir su seul dans une cellule, après n'avoir pas supporté de devoir élever notre fille avec un père taulard. Le 21 décembre 2012 était advenu sans qu'aucune planète hypocritement cachée dans notre système solaire ne vienne avaler cette chère Terre. Sur le coup, je n'y avais même pas prêté attention. C'est un ami de mes beaux-parents qui en a reparlé, le soir de la Saint-Sylvestre. Oui, il était vrai que nous étions encore en vie, comme c'était étrange. Autour de la table on guettait mes réactions, alors j'avais ri de bon cœur pour qu'on ne s'inquiète pas. Au moment du trou normand, l'ami en question m'attira dans un coin pour me proposer une place dans sa maison d'éditions. J'avais pincé les lèvres d'un air emprunté, et puis j'avais promis de lui envoyer mon C.-V. dès mon retour à Bordeaux.

Une nuit, j'ai pris la voiture, d'abord pour rouler un peu parce que je n'arrivais pas à dormir. Et puis je me suis éloigné en direction de l'océan. À peine arrivé sur le sable, je me suis retourné face aux dunes que je venais de descendre et je me suis dit : *« Qu'est-ce que je fous là ? »* J'ai rebroussé chemin, démarré la voiture et fait deux kilomètres. Il est évident que cette-nuit-là, je n'avais pas du tout l'intention d'aller voir la mer.

Il était deux heures et demie du matin, la rue était morte, aucune lumière ne filtrait de la maison de mes parents. Je me suis garé au ras du portail du cabinet et, pendant que je fumais une cigarette, j'ai observé la plaque de cuivre en essayant d'imaginer mon nom dessus. Que pouvait-il m'arriver de mieux ? Mon père donnerait rapidement son congé au dentiste qui avait pris la gérance, un temps que je mettrais à profit pour me refaire la main et, d'ici un an ou deux, j'aurais trouvé mon assiette, peut-être une nouvelle femme. Arrivé à cinquante ans, je m'en serais voulu d'avoir gâché autant de temps dans des conneries passagères, et puis j'aurais oublié, confortablement installé dans le duvet d'une loge quelconque. Je me suis rendu compte que, vu sous cet angle, ça ne me demanderait pas beaucoup d'efforts. Mes parents m'aimaient, comme la plupart des parents aiment leur progéniture. Je ne les décevrais certainement pas en rebroussant chemin dans leur direction.

J'ai démarré et je suis parti aussi vite que j'ai pu. Il a fallu que je roule toutes vitres ouvertes pour retrouver un peu de calme. En revenant sur Bordeaux, le doute m'a assailli. Mon piano était encore là-bas. Il était tard. Marie ne m'avait pas vu sortir. Je pourrais rentrer et puis m'y remettre. À fond. M'y perdre. Ne plus faire que ça. Et redevenir quelqu'un, comme ce fameux jour à Pleyel. Marie m'avait aimé pour le piano, parce que Marie avait de l'admiration pour ce que l'autre faisait qu'elle ne savait pas faire. Et j'étais un virtuose. Pour elle, j'avais gonflé le personnage, je jouais Beethoven avec une gestuelle piquée à Lang Lang, petit prodige du marketing musical chinois, et je voyais dans ses yeux que je la comblais. Cette pente ne serait guère plus difficile à remonter que celle qui pouvait encore me faire dentiste. Marie aussi était ce qui pouvait m'arriver de mieux. Elle dirigeait. Elle contrôlait. Elle se chargeait du bagage du quotidien. Il fallait juste que je fasse l'effort de la faire rêver pour espérer un peu de tranquillité.

En quittant la rocade pour prendre l'échangeur de l'A10, je me suis dit que je ne pouvais décidément pas. Il ne devait pas être loin de sept heures du matin quand je suis arrivé à Saint-Martial-le-Mont. Une petite couche de neige épaississait le paysage, les lueurs du jour naissant nappaient l'ensemble comme un coulis sur du yaourt, la scène était d'une beauté sidérante et niaise. J'ai retrouvé la petite communale qui menait au hameau CHEZ MARIN. J'ai garé la voiture à l'entrée et j'ai regardé dehors. Traînaient là deux barbus et trois femmes aux cheveux longs. J'ai eu envie d'ouvrir ma vitre et de leur gueuler : « Alors, toujours en vie, tas de bouseux ? » Au lieu de quoi, je me suis demandé si cette communauté n'avait pas toujours existé précisément pour accueillir des types dans mon genre, débarquant de nulle part, rendus à moitié fous par leurs propres inhibitions et qui trouvaient là l'endroit parfait pour laisser libre cours à leur égotisme. Est-ce que je valais mieux que le commandant Personne ? Un type un peu plus costaud que les autres, que j'ai vaguement reconnu, est venu frapper à ma vitre au moment où je relançais le moteur. J'ai filé sans entendre ce qu'il me disait.

J'ai encore roulé, comme un pauvre syndrome de Stockholm cherchant son ravisseur. Refait dans ma tête les plans de carrière qui s'ouvraient à moi après toutes ces années d'hésitation et ces 4 000 kilomètres de récréation. Alors quoi ? Crise de la quarantaine ou enterrement tardif de ma vie de garçon ?

Je me suis arrêté dans une station-service sur l'autoroute. Je ne suis pas descendu. J'ai juste pensé que ma vie était celle d'un couillon qui s'imaginait qu'en refusant de faire des choix, il était libre. Alors que ma seule façon de revendiquer cette liberté avait toujours été de dire : « Je ne peux pas. » Ma voie, je l'avais trouvée avec Carell. J'avais voulu lui apprendre l'éthique alors que j'étais quelqu'un de profondément amoral. Un rôle dans lequel j'étais d'autant plus à mon aise que je ne l'avais pas choisi : Me Bourdier-Saint Fler s'en était chargé lorsqu'il était venu me faire sa petite leçon à domicile. Au moins, une fois cela posé, il était clair que j'étais incompatible avec une carrière de dentiste ou une vie de père de famille potentiellement pianiste.

Il me restait donc une dernière chose à faire pour me le prouver une bonne fois pour toutes. Descendre de ma voiture, sortir ma carte bleue, commander mon carburant à la pompe automatique et. une fois le pistolet en main, arroser tout ça d'essence et y foutre le feu. Ça aurait eu de la gueule. Avec tout ce qui m'était arrivé ces derniers mois, dans les deux ans je me serais retrouvé dans *Faites entrer l'accusé.*

J'ai fermé les yeux, j'ai vu apparaître le visage de Carell. Avec lui, j'avais été capable. De faire des choix pour que notre équipée devienne catastrophique dans toute sa démesure. De détrousser pour subvenir à nos besoins. De tuer pour nous défendre. Cette histoire, nous l'avions écrite à quatre mains, avec nos savoir-faire respectifs. Au final, j'avais avalé la consigne sous la houlette de Me Bourdier-Saint Fler pour sauver ma peau. C'était infect et je l'admettais bien volontiers. Mais qu'est-ce qui m'empêchait de conduire une vie normale avec le même type de détermination ? Une vie avec une femme, une enfant, un toit, des envies et des désirs à partager ? Qu'est-ce qui, dans ma constitution, faisait que j'avais si peur de m'engager ? Ne venais-je pas de comprendre que j'en étais capable ?

Foutre le feu à mon paysage, l'expérience m'en avait déjà été offerte. Gratuitement, en plus. Inutile d'y revenir. J'ai fait mon plein. Je suis remonté dans la voiture et j'ai repris la route en me disant qu'après tout, j'avais bien vécu, je ne regrettais rien. C'était peut-être ça qui m'avait manqué dans mon parcours : vivre mon *Iliade* et mon *Odyssée*, mon voyage initiatique pour rentrer dans le rang avec les idées claires.

La seule question qui me collait encore aux doigts, quand je me suis finalement inséré dans les embouteillages du pont d'Aquitaine, était de savoir si, une fois encore, je ne renonçais pas à quelque chose. Sans doute la réponse tenait-elle dans une autre question : à quoi donc renonçais-je ?

Playlist

Les Fonderies d'acier, Alexandre Mossolov
Different Trains, Steve Reich
Unsquare Dance, Dave Brubeck
Ice Pick Mike, Lalo Schifrin
Alice In Wonderland, Bill Evans
Concerto n° 3 en ut majeur, Sergueï Prokofiev
Stewball, Hugues Aufray
Les Roses blanches, Jacques Lantier
Que je t'aime, Johnny Hallyday
Ramona, Tino Rossi
Symphonie n° 5 – Adagietto, Gustave Mahler
Nabucco – « Le chœur des esclaves », Giuseppe Verdi
Le moqueur polyglotte, Olivier Messiaen
Rondo en la majeur, Johann Baptist Vanhal
La groupie du pianiste, Michel Berger
Concerto n° 2 en fa mineur – Larghetto, Frédéric Chopin
Après une lecture de Dante, Franz Liszt
Étude n° 4, György Ligeti

Générique

Conseiller technique piano et bande originale	Fabien Granger
Conseiller médical et soutien permanent	Michaël Brun
Conseillère tronçonneuse, censeur en grossièretés	Stéfanie Delestré
Conseiller technique bordeluche	Arnold Gendron
Conseiller technique canapé et films d'action	Stéphane Raza
Conseillers techniques disputes sur Johnny Hallyday	Caryl Férey, Mouloud Akkouche et Pascal Dessaint
Conseillers techniques prospectus et boîtes aux lettres	Les habitants de Carbon-Blanc et de Bordeaux

DU MÊME AUTEUR

MES AMIS MORTELS (coll. « Les Mat-Sperone »), Toucan Noir, 2008.

ÉCHANTILLONS GRATUITS (nouvelles), Les Petits Matins, 2008.

MORT À DENISE (coll. « Le Poulpe »), Éditions Baleine, 2010.

TAXI, TAKE OFF & LANDING, Éditions Baleine, 2010.

QUELQUE CHOSE POUR LE WEEK-END, Éditions Baleine, 2011.

AVA OU L'AIGREUR, Storylab, 2011.

Composition Nord Compo
Impression CPI Bussière en mars 2013
à Saint-Amand-Montrond (Cher)
Éditions Albin Michel
22, rue Huyghens, 75014 Paris
www.albin-michel.fr
ISBN : 978-2-226-24825-1
N° d'édition : 20679/01. – N° d'impression : 2001432.
Dépôt légal : avril 2013.
Imprimé en France.